스토리텔링 — 쉬운 영어로

리딩앤[n:]플러스

Jonghap Books

박지성

고려대학교 영어영문/언어학과 졸업
현, 대치동 용인오대부고 대신
대원국제중 내신
해커스 편입독해 강사
진용은/이준현 범검팀 공무원 영어강사
저서: 영어독해 개념이해 「종합출판 EnG」
영어독해 문제풀이/원리이해 「종합출판 EnG」
리딩 이노베이터 기본/실전편 「종합출판 EnG」
김용의 감성영어 스피치 「종합출판 EnG」

리딩앤플러스

발 행 일 2020년 2월 20일(초판 1쇄)
저 자 박지성
발 행 인 문정구
발 행 처 종합출판 | EnG
출판등록 1988. 6. 17 제 9-175호
주 소 우: 04002 서울시 마포구 월드컵북로 5길 65 주원빌딩 4층
홈페이지 www.jonghapbooks.com
전자메일 jonghap@jonghapbooks.com
대표전화 02-365-1246
팩 스 02-365-1248

정가 14,500원

ISBN 978-89-8099-708-4 13740
※ 낙장 및 파본은 바꾸어 드립니다.

이 도서의 국립중앙도서관 출판예정도서목록(CIP)은 서지정보유통지원시스템 홈페이지(http://seoji.nl.go.kr)와 국가자료공동목록시스템(http://www.nl.go.kr/kolisnet)에서 이용하실 수 있습니다.(CIP제어번호: CIP 2020004545)

¤이 책은 코리아중앙데일리와 미주 중앙일보가 제작한 my apple news 영어신문 콘텐츠를 활용하여 만들었습니다.

머리말

"쉽고 재밌고 유익한 스토리텔링으로 꼭 필요한 기본영어를 즐긴다"

그렇습니다. 이 책은 영어신문사 「코리아 중앙데일리」와 「미주 중앙일보」가 함께 기획하여 발행한 미국의 "애플뉴스" 영어신문 컨텐츠를 활용하여 만든 책입니다. 아주 실용적이고 생생한, 그리고 흥미롭고 풍부한 정보 · 지식을 담고 있습니다. 또한 한 권의 책으로 독해를 포함한 듣기 · 말하기 · 발음법 · 회화 · 작문 영역을 유기적으로 동시에 일정 수준으로 업그레이드 시킬 수 있도록 꾸몄습니다.

이는 독자들의 취향이 영역별의 집중적으로 다뤄진 책들을 선호해서 그런지 몰라도 예나 지금이나 단 한 권의 책으로 영어의 4대 영역(독해 · 듣기 · 말하기 · 쓰기)을 동시에 훈련할 수 있도록 기획되고 구성된 책은 극히 드물다고 봅니다. 이 책만이 가지고 있는 장점, 즉 시간과 노력을 몇 배 더 들이지 않고 영어의 주요 영역을 유기적으로 동시에 학습해 나가면서 그 입체적인 효율성을 피부로 느낄 수 있을 겁니다.

간결하고 흥미로운 스토리텔링을 토대로 각자의 영어 실력을 단기간에 각 영역별로 동시에 엄청난 효과를 보게 만든 교재의 구성 순서에 따라 여러 번 정독하고 훈련하며 마지막 페이지에 도달할 쯤 독자 여러분의 영어 실력은 달라져 있을 겁니다.

박지성

구성과 특징

MP3 음원파일 포함

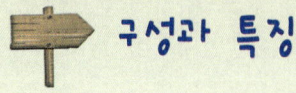

1 이 책 내용은 두 개의 다른 테마를 수록했는데 맨 처음 시작부분(Intro)에서는 주제의 중심 내용을 소개하고, 그 다음 본문부터는 주제별로 하나의 Unit으로 구성했습니다.

2 그리고 한 Unit의 전체 내용을 단락으로 나누어 어휘해설과 필요시 중요어휘에 따른 예문을 제시했으며, Unit별 중간중간에 연습코너를 두어, 앞에서 공부한 단락 지문을 쓰기 · 듣기 · 말하기 등 유기적으로 학습해가며 유익한 표현과 회화를 배우고 복습효과도 갖도록 했습니다. 〈맨 뒷면에 최종 확인학습을 위한 「Exercise」를 두었음.〉

3 청크독해[직독[청]직해] 코너를 두어 영어문장을 앞에서부터 의미단위로 끊어 내리 이해해가는 즉, 영어 어순대로 듣고 읽으며 바로바로 이해하기 위한 훈련이 되도록 꾸몄습니다.

【참고】 옆면에 나와 있는 〈청크독해 이해와 활용방법〉에서 청크독해란 무엇인지, 어떻게 적용되고 활용하는지 등을 훈련방법과 함께 설명했음.

영어 연습코너

1) Writing Practice(쓰기 연습): 바로 앞에서 다룬 영문단락을 통해 쓰기 연습과 함께 익힌 어휘를 재확인할 수 있도록 중요 표현들을 선별, 괄호 안에 주어진 힌트를 보고 채워 넣을 수 있도록 구성했음.

2) Listening & Speaking(듣기 & 말하기): 역시 앞에서 익힌 영문단락을 통해서 영어낭독 연습을 위해 영문을 끊어 읽도록 슬래시(/)로 구분하고 강세음절을 영문마다 표시했음. 또한 원문의 미국식 발음을 우리말로 표기하고 중요 발음법을 함께 설명하여 쉽게 이해해가며 미국식 발음훈련을 하도록 했음.

3) 이어서 Useful Expressions와 Dialogs에서는 앞에서 접한 쉬운 어휘를 통해 일상에서 잘 쓰이는 표현들을 익히도록 했음.

4) 본문이 끝나는 마지막에 「Exercise」를 두어 지금까지 학습한 내용을 문제를 통해 체크업 할 수 있도록 꾸몄으며, 맨 뒷면에 알아두면 유용한 '다의어'도 다뤄 놓았음.

부록: 미국식 발음현상 이해와 발음요령

본문에 나와 있는 「영어듣기 · 말하기」와 연계하여 부록에서 미국식 발음법에 관해 더욱 체계적 · 구체적으로 학습함으로써 유창한 발음법, 원활한 듣기가 되도록 했음.

▶ MP3 음원파일 안내

본문에 나오는 독해 원문과 원문의 청크연습용, 영어낭독 연습 및 발음연습용 원문의 원어민 성우 녹음 음원파일. (해당되는 원문의 부분마다 MP3# track No.로 표시하여 구분.) 〈www.jonghapbooks.com 자료실 다운로드〉

청크 독해 이해와 활용방법

1 청크 학습의 중요성

1. 영어는 영어식으로 익혀야 하며, 한국어는 한국어식으로 익혀야 유창하게 구사할 수 있다. 무작정 영어 원서를 읽거나 통 문장을 암기하는 것은 학습 시간만큼 효과를 보기 어렵다. 그러나 청크 단위(의미단위)로 끊어서 학습하면 외우기도 쉽고 다양한 표현에 응용할 수 있다.

2. 청크 학습을 하면 네 가지 영어 능력(듣기 · 말하기 · 쓰기 · 읽기)이 빠른 속도로 향상된다.

- **Reading / Listening** : 한국어 어순에 맞춰 번역식으로 독해를 하면 독해 속도가 느리다. 특히 영어가 나오는 속도로 바로 이해해야 하는 청취에서는 문제가 심각해진다. 그러므로 청크 단위로 직독직해, 직청직해를 훈련 해야 한다.
- **Speaking / Writing**: 영어식 어순이 각인되면 영작과 말하기가 쉬워진다. 단어능력이 우수해도 의미단위로 학습하지 않으면 말하기, 쓰기 능력이 향상되기 어렵다. 유창한 영어를 구사하는 사람들은 잠재적으로 영어식 어순이 머릿속에 각인되어 있어 영어로 말하거나 쓸 때 영어식 어순으로 채널이 바뀐다.

2 청크 학습을 네 가지 언어 능력에 적용하는 방법

Reading

직독직해

영어의 어순이 〈 주어 + 동사 + 목적어 + 장소, 방법, 시간〉 순서이므로, 단어를 눈으로 보는 동시에 (누가 / ~한다 / ~를 / 어디서 / 어떻게 / 언제) 라는 방식으로 영어순서 차례대로 해석하되, 청크로 끊어 해석하는 습관을 들인다.

예) I / met / an old friend of mine / in the park / yesterday

나는 / 만났다 / 나의 옛 친구 중 한 명을 / 공원에서 / 어제

위의 예문과 같이 눈으로 보는 동시에 영어 어순으로 의미를 파악하는 것이 직독직해이다.

영어식 어순으로 끊어진 청크별 직독직해 방식을 사용하면 복잡하고 긴 문장도 쉽게 이해할 수 있어 청크 영어 학습은 초급 학습자들에게 가장 효과적인 훈련방법이다.

Listening

직청직해

순간적으로 지나가는 정보를 이해해야 하므로, 전체 문장을 소리가 나오는 속도와 동시에 순발력 있게 이해한다. 그러므로 청크 단위로 빠르게 정보처리를 하는 것이 중요하다.

The natural environment / and traditional architecture / are preserved / beautifully / in both villages.

자연 환경과 / 전통 건축이 / 보존된다 / 아름답게 / 두 마을에서.

이렇게 듣는 동시에 의미를 파악하는 것을 직청직해라고 한다.

평소에 단어 · 숙어 실력을 강화시켜서 기본적인 문장 이해력이 있어야 한다. 특히 원어민의 발음 규칙을 알지 못하면 쉬운 문장이나 단어도 들리지 않으므로 정확한 발음을 익히는 것이 관건이다.

Writing

Reading과 Listening이 이해(comprehension)라면 Speaking과 Writing은 표현하고 싶은 말과 글을 만들어내기(production)이다. 한국인들의 reading과 listening 능력은 writing 능력에 비해 우수하다. 그러나 영어식 어순이 각인되어 있지 않으면 머릿속이 한국식 어순으로 구조가 굳어져 있어 하고 싶은 표현을 쓰기가 어렵다.

영어 어순대로 작문하는 예:

"나는 어젯밤에 민주와 영화 보러 갔다"라고 작문을 하라고 할 때 어순이 각인되어 있지 않으면 한국어 어순으로 단어들을 뒤죽박죽으로 나열한다.

예) I last night Minju movie went.

그러나 영어어순이 각인되어 있다면 "나는 /갔다 /영화 보러 / 민주와 /어젯밤에."

(I / went / to a movie / with Minju / last night.)

위와 같이 자동적으로 채널이 바뀌어 정확한 어순으로 문장을 쓴다. 그러므로 영어식 어순이 각인 되도록 청크로 학습하고 한국말을 영어 어순으로 표현해 보는 연습을 철저히 해야 한다.

⊙ Writing 능력을 쉽게 향상시키는 법:

초급 단계에서 Writing 능력을 향상 시키는 데 가장 좋은 방법은 동사를 사용하여 문장을 만들어 보는 것이다. 영어 작문의 기초를 다져야 할 초급자에게 동사를 사용한 writing 훈련은 매우 중요하다.

Speaking

⊙ speaking 능력을 쉽게 향상시키는 법:

1. 큰소리로 읽기

한국에서는 영어가 외국어이므로 학교 교실이나 강의실 밖을 나가면 영어를 사용해볼 기회가 거의 없어서 speaking 능력을 향상 시키기 어렵다. 청크로 끊어진 의미단위 대로 큰 소리로 반복하여 읽으며 암기하여 응용할 수 있도록 연습한다. 과거에 서당에서 한문을 배울 때 큰 소리로 "하늘 천 따지" 하며 외웠듯이 항상 큰 소리로 읽으며 암기하면 효과적이다.

원어민은 모국어를 하루에 10시간 이상 사용하므로 유창하게 구사한다. 그러므로 영어를 배울 때는 큰소리로 읽어서 말이 입에 붙게 하는 방법이 최선이다. 독해를 할 때마다 큰 소리로 낭독하는 습관을 들여서 영어가 입에 붙어있도록 한다.

◉ 낭독으로 얻게 되는 발음향상의 효과

머릿속으로 영어 발음하는 방법을 안다 하더라도 하루에 적어도 한 시간 이상은 큰소리로 읽어야 발음이 변한다. 특히 소리로 들어서 식별하기 어려운 발음들과 시각적으로 암기효과가 있는 〈한글 발음기호〉를 사용하는 학습법은 영어와 사투를 벌이는 한국 학습자들의 영어능력 향상에 큰 효과가 있을것이다.

2. 단어로 문장 만들어 보기

영어로 대화할 상대가 없다면 단어를 가지고 문장을 만들어 보는 것이 좋은 방법이다. 학원 영어회화 수업에 앉아 있어도 자신이 말을 해볼 기회는 10분도 되지 않는다. 또한 어색한 문장을 구사해도 교정 받을 기회는 거의 없다. 청취를 하러 회화학원에 가는 것이 아니므로 수업에만 의지하지 말고 한국인끼리도 두 세 사람이 모여서 영어단어로 말하기 연습을 한다. 필자는 학생들을 둘씩 짝을 만들어 단어로 문장 만들기를 연습시켜왔다. 그래서 원어민과 대화할 시간이 없어도 순발력 있게 문장을 만들며 자신의 생각을 영어로 표현하는 능력을 향상시켰다. 우리주변에는 비행기 한 번 안 타보고 동시통역사가 되거나 영어도사 소리를 듣는 사람들이 많다. 결국, 학습방법이 좋으면 원어민과 회화연습을 할 기회가 없어도 영어를 유창하게 구사할 수 있다.

[참고] 이 부분은 「영어로 읽는 세계롤모델 50인(Jonghapbooks, 재키 신 지음)」에서 발췌 · 정리한 것입니다.

Contents

Part1 Theater |연극편|

Part2 Poetry | 시편 |

Part 1

Theater

| 연극편 |

Intro: Theater

연 극 편

MP3 #1

According to 16th century playwriter William Shakespeare, "All the world's a stage, and all the men and women on it are merely players." If he's correct, then maybe you should try acting. Look inside to learn about theatrical techniques, superstitions, and history.

16세기 극작가 윌리엄 셰익스피어에 따르면, "전 세계는 하나의 무대이며 무대 위 남녀들은 단지 배우들일 뿐이다." 그의 말이 맞다면, 아마도 여러분은 연기를 시도해야 합니다. 자세히 살펴보고 연극 기법, 미신 그리고 역사를 배웁시다.

words & phrases

according[əkɔ́:rdiŋ] to ~에 따르면
playwriter[pleiráitər] 극작가
stage[steidʒ] 무대
merely[míərli] 단지, 오직
correct[kərékt] 맞는, 정확한
acting[ǽktiŋ] 연기
theatrical technique[θiǽtrikəl tekní:k] 연극 기법
superstition[sù:pərstíʃən] 미신, 맹신
history[hístəri] 역사

[예문]

According to the weather forecast, there will be intermittent rainshower in the southern region.
일기예보에 의하면, 오늘밤 남부 지방에 간간히 소나기가 내릴 것이다.

It is **merely** a guess.
그것은 단지 추측일 뿐이다.

청크 독해 MP3 #2

According to 16th century playwriter William Shakespeare,/
16세기 극작가 윌리엄 세익스피어에 따르면,/
"All the world's a stage, /and all the men and women on it /are merely players."//
전 세계는 하나의 무대이며 / "무대 위 모든 남녀들은 /단지 배우들이다."//
If he's correct, /then maybe /you should try acting.//
그의 말이 맞다면, /아마도 /여러분은 연기를 시도해봐야 한다.//
Look inside /to learn about theatrical techniques, superstitions, and history.//
자세히 살펴보자 /연극 기법, 미신 및 역사에 대해 배우기 위해.//

Unit 1

Elements of Theater

● 연극요소 ●

MP3 #3

1 Though we love movies and television, the ancient art of theater remains popular. There's just something special about seeing actors performing "in the moment."

To create special moments, actors imagine a "fourth wall" between themselves and the people watching them. They must then "break" the fourth wall to connect with audiences. These techniques help actors break the wall:

현재 우리는 영화와 텔레비전에 열광하지만 고대 예술인 연극도 여전히 인기가 있습니다. 연극에서 순간순간 연기하는 배우들을 보면 특별한 무언가가 있습니다. 특별한 순간을 창조하기 위해 배우들은 그들과 그들을 지켜보는 관객들 사이에 좌, 우, 뒤에 이은 네 번째 벽이 있다고 상상합니다. 배우들은 관객들과 소통하기 위해 이 벽을 깨야만 합니다. 아래의 기술들은 배우들이 그 벽을 깨는 데 도움을 줍니다.

words & phrases

remain[riméin] ~의 상태로 여전히 있다
perform[pərfɔ́:rm] 연기하다
in the moment 순간에
create[kriéit] 창조하다
special moment 특별한 순간
actor[ǽktər] 배우
imagine[imǽdʒin] 상상하다
break the fourth wall 관객을 의식하다
connect with ....에게 호의적인 반응을 얻다
audience[ɔ́:diəns] 청중, 관객
technique[tekní:k] 기법

[예문]

I'm just trying to live **in the moment**.
나는 다만 현재 이 순간에 충실하게 살려고 해.

He definitely **broke the fourth wall** and decided to sing with the audience.
그는 확실히 관객을 의식하고 같이 노래 부르기로 했다.

청크 독해 MP3 #4

Though we love movies and television,/ the ancient art of theater / remains popular.//
우리는 영화와 텔레비전에 열광하지만 / 고대 예술인 연극은 / 여전히 인기가 있다.//

There's just something special / about seeing actors / performing "in the moment."//
특별한 무언가가 있다 / 배우들을 보면 / 순간순간 연기하는.//

To create special moments,/ actors imagine a "fourth wall"/
특별한 순간을 창조하기 위해 / 배우들은 좌, 우, 뒤에 이은 네 번째 벽이 있다고 상상한다 /

between themselves and the people watching them.//
그들과 그들을 지켜보는 관객들 사이에.//

They must then "break"the fourth wall / to connect with audiences.//
배우들은 그럴 때 이 벽을 깨야만 한다/ 관객들과 소통하기 위해.//

These techniques help / actors break the wall://
아래의 기술들은 도움을 준다 / 배우들이 그 벽을 깨는 데.//

Writing Practice (쓰기 연습) Ⅰ

Step 1

1. 16세기 극작가 윌리엄 셰익스피어에 따르면,
"전 세계는 하나의 무대이며 무대 위 남녀들은 단지 배우일뿐이다."
________ _____ 16th century playwriter William Shakespeare,
"All the world's a stage, and all the men and women on it are ________ players."

• according to ~에 따르면 • merely 단지

2. 그의 말이 맞다면, 아마도 여러분은 연기를 시도해야 합니다.
If he's _______, then maybe you should try ________.

• correct 정확한 • acting 연기

3. 자세히 살펴보고 연극 기법, 미신 그리고 역사를 배워봅시다.
Look inside to learn about ________ techniques, ________, and history.

• theatrical 연극의 • superstition 미신

Step 2

1. 현재 우리는 영화와 텔레비전에 열광하지만 고대 예술인 연극도 여전히 인기가 있습니다.
2. 연극에서 순간순간 연기하는 배우들을 보면 특별한 무언가가 있습니다.
3. 특별한 장면을 창조하기 위해 배우들은 그들과 그들을 지켜보는 관객들 사이에 좌, 우, 뒤에 이은 4번째 벽이 있다고 상상합니다.
4. 배우들은 관객들과 소통하기 위해 이 벽을 깨야만 합니다.
5. 아래의 기술들은 배우들이 그 벽을 깨는 데 도움을 줍니다.

1. _______ We love movies and television, the ancient art of theater _______ _______.
2. There's just _______ _________ about seeing actors performing "in the moment."
3. To create _______ ________, actors imagine a "_______ ______" between themselves and the people watching them.
4. They must then "break" the fourth wall to _______ _____ _________.
5. These techniques help actors ________ _____ _______.

Tips

though ~이지만
remain ~의 상태로 여전히 있다
special moment 특별한 순간
connect with ~에게 호의적인 반응을 얻다
audience 청중, 관객
break 깨다
wall 벽

MP3 #5

2 Miming is acting without the use of words or props. Mimes use large, visible body movements to silently show action. The best mimes make empty air seem like objects with real size and weight! Air guitar playing, shown here, is a type of miming that is popular outside of theater.

To practice miming, play charades. You need a partner and a dictionary. Flip the dictionary to a random word, but don't let your partner see it! Over the next minute, use silent clues to help your partner guess the word. You can also find another team and compete against them.

무언극은 말이나 소품을 사용하지 않고 연기하는 것입니다. 마임은 말없이 행동을 보여주기 위해 크고 눈에 보이는 몸의 동작들을 사용합니다. 최고의 마임은 텅 빈 공간도 실제로 크기와 무게가 있는 물체처럼 보이게 합니다. 여기 보이는 에어 기타 연주(기타 연주 흉내)는 극장 밖에서도 인기 있는 마임의 한 유형입니다.

무언극을 연습하기 위해 제스처놀이를 해봅시다. 여러분은 파트너와 사전이 필요합니다. 사전을 펼쳐 무작위로 단어를 뽑고 파트너에게는 보여주지 마세요. 그 후 파트너가 그 단어를 알아맞힐 수 있도록 단서를 주되 절대 말을 하지 마세요. 여러분은 또 다른 팀을 구성하여 상대팀과 경쟁할 수도 있습니다.

words & phrases

miming 무언극
props[praps] 소품, 소도구
visible[vízəbl] 눈에 보이는
body movement 몸의 움직임
silently[sáiləntli] 말없이
empty[émpti] 빈
object[ɑ́bdʒikt] 물체
practice[prǽktis] 연습하다
charade[ʃəréid] 제스처 게임
flip[flip] 재빨리 휙 넘기다[뒤집다]
random[rǽndəm] 되는 대로의, 무작위의
guess[ges] 추측하다
compete against 경쟁하다

[예문]

The skyscraper was clearly **visible** from the air.
그 고층건물은 하늘에서도 분명하게 보였다.

청크 독해 MP3 #6

Miming is acting / without the use of words or props.//
무언극은 연기하는 것이다 / 말이나 소품을 사용하지 않고.//

Mimes use / large, visible body movements / to silently show action.//
마임은 사용한다 / 크고 눈에 보이는 몸동작들을 / 말없이 행동을 보여주기 위해.//

The best mimes make empty air / seem like objects / with real size and weight!//
최고의 마임들은 텅 빈 공간들을 만든다 / 물체처럼 보이게 / 실제의 크기와 무게가 있는!//

Air guitar playing,/ shown here,/ is a type of miming / that is popular / outside of theater.//
기타 연주 흉내는,/ 여기 보이는,/ 한 가지 유형의 마임이다 / 인기 있는 / 극장 밖에서.//

To practice miming,/ play charades.// You need a partner and a dictionary.//
무언극을 연습하기 위해,/ 제스처놀이를 하라.// 여러분은 파트너와 사전을 필요로 한다.//

Flip the dictionary / to a random word,/ but don't let your partner see it!//
사전을 펼쳐라 / 임의의 단어에,/ 하지만 당신의 파트너가 그것을 보게 하지 마라!//

Over the next minute,/ use silent clues / to help your partner guess the word.//
다음 1분 동안,/ 말을 하지 않는 단서를 이용하여 / 단어를 맞춰봐라.//

You can also find another team / and compete against them.//
여러분은 또한 또 다른 팀을 찾아 / 그들과 경쟁할 수 있다.//

Listening & Speaking (듣기&말하기) Ⅰ

Step 1 스크립보지 말고 두 번 들어보세요.

Miming is acting without the use of words or props. Mimes use large, visible body movements to silently show action. The best mimes make empty air seem like objects with real size and weight! Air guitar playing, shown here, is a type of miming that is popular outside of theater.

To practice miming, play charades. You need a partner and a dictionary. Flip the dictionary to a random word, but don't let your partner see it! Over the next minute, use silent clues to help your partner guess the word. You can also find another team and compete against them.

Step 2 표시에서 끊어 읽어보세요.

(빨간색 표시는 강세 음절이고 진하게 표시된 단어들은 강하게 읽는 단어)

Miming is **acting** / without the **use** of **words** / or **props**.// **Mimes use** / **large, visible body movements** / to **silently show action**.// The **best mimes make** / **empty air seem** like **objects** / with **real size** / and **weight!**// **Air guitar playing**,/ **shown here**,/ is a **type** of **miming** / that is **popular** / **outside** of **theater**.//

To **practice miming**,/ **play charades**.// You **need** a **partner** / and a **dictionary**.// **Flip** the **dictionary** / to a **random word**,/ but **don't let** your **partner see** it!// Over the **next minute**,/ **use silent clues** / to **help** your **partner** / **guess** the **word**.// You can **also find another team** / and **compete** against them.//

Step 3 한글 발음토

마이밍 이즈 액팅 / 위다웉 더 유스 어(브) 워즈 / 오(어) 프랎스.// 마임즈 유즈 / 라(어)줘, 뷔저블 바리 무브먼스 / 투 싸일런리 쇼우 액션.// 더 배스(트) 마임즈 메잌 / 앰(프)티 에어 씸 라이(크) 아(브)직스 / 윋 뤼얼 싸이즈 /앤 웨잍!// 에어 기타 플레잉,/ 쇼운 히어,/ 이즈 어 타잎 어(브) 마이밍 / 대리즈 파퓰러 / 아웉싸이러(브) ㅆ+띠어러.//

투 프랙티스 마이밍,/ 플레이 쉬(어)뤠이즈.// 유 니(드) 어 파(어)트너 / 앤 어 딕셔너리.// 플맆 더 딕셔너리 /투 어 랜덤 워(드),/ 밭 도운(트) 유(어) 파(어)트너 씨잍!// 오(우)뷔 더 낵스(트) 미닡,/ 유즈 싸일런 클루즈 /투 핼(프) 유(어) 파(어)트너 / 개스 더 워(드).// 유 캔 올쏘 ㅍ+화인(드) 어나더 팀 / 앤 컴피(트) 어겐스(트) 뎀.//

한글 발음토를 따라 읽을 때는 Step 2의 강세 음절 표시와 강하게 읽는 단어 표시를 참고해서 따라 발음해보세요 !!

Step 4 발음 팁

- use[ju:z] – 명사형으로 쓰여 [유스]로 발음해야 한다.
  동사형으로 쓰일 때는 [유즈]로 발음한다.
- empty[émpti] – 자음 세 개가 몰려 있어 가운데 자음 p는 거의 내지 않는다.
- guitar[gitά:r] – t가 모음과 모음 사이에 있어도 모음 a에 강세가 있어 그대로 ㅌ발음을 내줘야 한다.
- outside of – [아웉 싸이드 어브]가 아니라 두 단어가 연음되면서 [아우싸이러(브)]같이 들린다.
- don't –[도운트]라고 발음하면 어색하게 들리니까 t발음을 거의 내지 않으면서 [도운]을 비교적 강하게 발음해주는게 자연스럽다.

Step 5 Useful Expressions

1. visible 눈에 보이는

Venus is so bright that it is **visible** to the naked eye.
금성은 너무 밝아서 육안으로 볼 수 있다.

2. object 물체, 물건

Look at the small **object** in the upper left side of the picture!
사진의 위쪽에서 왼쪽의 작은 물체를 보세요!

3. random 무작위의

As of now the searches at a subway station appeared **random.**
현재 전철역에서의 검색은 무작위인 것으로 보인다.

4. clue 단서

Fossils tell a story, just like the **clues** at the scene of a crime.
화석은 마치 범죄 현장에서 단서처럼, 이야기를 말해준다.

5. compete 경쟁하다

It's hard to **compete** with all the online bookstores nowadays.
요즘은 온라인 서점과 경쟁하기가 어렵거든.

Step 6 Dialogs

1. show 보여주다

A : I would like to cash this check, please.

B : Sure. Could you fill this out and **show** me your ID, please?

A : Of course. Here you are.

A : 이 수표를 현금으로 바꾸고 싶은데요.

B : 좋아요. 이것 좀 작성해 주시고 신분증을 보여 주시겠어요?

A : 물론이죠. 여기 있어요.

2. seem ....인 것 같다

A : What **seems** to be the problem?

B : I feel just awful.

A : Do you have a cough or a runny nose?

A : 어디가 아픈 것 같아요?

B : 몸이 매우 안 좋아요.

A : 재채기나 콧물이 나오나요?

3. next 다음의

A : I was told you are going to the U.S.

B : Yeah. I'm going to the Big Apple **next** week.

A : Really?
Big Apple is my hometown.

A : 미국 간다고 들었어.

B : 응, 다음 주에 뉴욕에 갈 예정이야.

A : 정말? 뉴욕은 내 고향인데.

4. another 또 다른, 또 하나의

A : Can I speak to Mr. Oh?

B : He is on **another** line.

A : Tell him Bob called.

A : 미스터 오 좀 바꿔주세요.

B : 그 분은 지금 통화 중입니다.

A : 밥이 전화했다고 전해줘요.

MP3 #7

3 Film actors benefit from close-up shots that show each detail of their faces, yet play actors have to exaggerate their expressions to be seen from a distance. Because actions like laughing and crying can look and sound similar, actors also must practice to be clear with their emotions.

Practice exaggerating by placing a mirror on the other side of your bedroom. While staring at the mirror, use nothing by your face to express the following emotions: happiness, fear, sadness. Then, try more complex emotions like confusion, mischievousness, or ennui.

영화배우들은 근접촬영을 통해 그들 얼굴의 각 세부를 표현할 수 있는 유리한 점이 있지만, 연극배우들은 멀리서도 알아볼 수 있도록 표현을 과장해야 합니다. 왜냐하면 웃거나 우는 연기는 비슷하게 보이고 들릴 수 있기 때문에, 배우들은 또한 그들의 감정이 분명히 전달될 수 있도록 연습해야 합니다.

과장하는 연기를 연습하기 위해 침실 반대편에 거울을 놓습니다. 거울을 보는 동안 아무것도 사용하지 말고 행복, 공포, 슬픔 등 다음의 감정들을 얼굴로 표현해 보세요. 그러고 나서 혼란, 짓궂은 장난 또는 따분함과 같은 좀 더 복잡한 감정을 시도해 보세요.

words & phrases

benefit from ~로부터 이익을 얻다
close-up shot 근접 촬영
exaggerate[igzǽdʒərèit] 과장하다
expression[ikspréʃən] 표현, 표정
from a distance 멀리서
action[ǽkʃən] 연기
laughing[lǽfiŋ] 웃기
action[ǽkʃən] 울기
practice[prǽktis] 연습하다
emotion[imóuʃən] 감정
mirror[mírə(r)] 거울
bedroom[bédrù:m] 침실
stare at ~을 빤히 응시하다
fear[fiər] 공포
sadness[sǽdnis] 슬픔
complex[kəmpléks] 복잡한
confusion[kənfjú:ʒən] 혼란
mischievousness 장난기
ennui[a:nwí:] 지루함

[예문]

There seem to be a lot who **benefit from** the currency reform.
화폐개혁으로 인해 이익을 보는 사람이 많은 것 같다.

Why do you **stare at** me?
왜 나를 빤히 쳐다보니?

청크 독해 MP3 #8

Film actors / benefit from close-up shots / that show / each detail of their faces,/
영화배우들은 / 근접촬영을 통해 이득을 본다 /표현하는 / 그들 얼굴의 각 세부를 /

yet play actors / have to exaggerate their expressions / to be seen from a distance.//
그러나 연극배우들은 /그들의 표정을 과장해야 한다 / 멀리서도 알아볼 수 있도록.//

Because actions like laughing and crying / can look and sound similar,/
왜냐하면 웃거나 우는 것 같은 연기는 / 비슷하게 보이고 들릴 수 있기 때문에./

actors also must practice / to be clear / with their emotions.//
배우들은 또한 연습해야 한다 / 분명히 전달될 수 있도록 / 그들의 감정이//

Practice exaggerating / by placing a mirror / on the other side of your bedroom.//
과장하는 연기를 연습하라 / 거울을 놓고서 / 당신의 침실 반대편에//

While staring at the mirror,/ use nothing / by your face / to express the following emotions:/
거울을 보는 동안 / 아무것도 사용하지 마라 / 당신의 얼굴로/ 다음의 감정들을 표현하기 위해:/

happiness, fear, sadness.//
행복, 공포, 슬픔.//

Then,/try more complex emotions / like confusion, mischievousness, or ennui.//
그리고나서/ 좀 더 복잡한 감정들을 시도해봐라 / 혼란, 짓궂은 장난 또는 따분함과 같은.//

MP3 #9

4 Actors must also make their voices "larger than life." In ancient times, actors had to be heard from the back rows of theaters without microphones! Even with microphones, actors must speak with extra clarity so that their words don't get jumbled as they echo in the theater.

Practicing projection and clarity is fun. To do so, get a writing pen and put it in your mouth. Then, turn on your favorite song – make sure it's loud! If you can speak clearly even though the music is blasting and you have a pen in your mouth, then you'll have no problem speaking with no pen and no music.

배우들은 또한 실제보다 더 큰 목소리를 내야합니다. 고대 배우들은 마이크 없이도 극장 맨 뒷줄까지 목소리가 들려야 했습니다. 마이크가 있다 하더라도 배우들은 극장에서 소리가 울려 뒤섞이지 않도록 매우 명확하게 발성해야 합니다.

큰 발성과 명확한 소리를 연습하는 것은 재미있습니다. 연습하기 위해 펜을 입에 물어보세요. 그러고 나서 여러분이 가장 좋아하는 노래를 불러보세요. 물론 크게 불러야 합니다. 음악이 울려 퍼지고 있지만 입에 펜을 물고 명확하게 말할 수 있다면 여러분은 펜과 음악 없이도 말하는 것에 문제가 없을 것입니다.

words & phrases

larger than life 실제보다 큰
row[rou] 줄, 열
clarity[klǽrəti] 명료성, 명확성
jumble[dʒʌmbl] 아무렇게나 섞어놓다
echo[ékou]반향하다, 울려 퍼지다
projection[prədʒékʃən] (연극에서)소리 내지르기
out loud 큰 소리로
blast[blæst] 큰 소리를 내다, 꽝꽝 울려 퍼지다

[예문]

My uncle is a **larger than life** character.
내 삼촌은 허풍을 떠는 성격이다.
Please read the sentence **out loud**.
그 문장을 소리 내어 크게 읽어보세요.

청크 독해 MP3 #10

Actors must also make their voices / "larger than life."//
배우들은 또한 목소리를 내야 한다 / 실제보다 더 크게.//
In ancient times,/ actors had to be heard / from the back rows of theaters / without microphones!//
고대에는,/ 배우들은 들려야 했다 / 극장들의 뒷줄에서 /마이크 없이.//
Even with microphones,/ actors must speak / with extra clarity /
마이크가 있다 하더라도 / 배우들은 말해야 한다 / 매우 명확하게 /
so that their words don't get jumbled / as they echo in the theater.//
그들의 말이 뒤섞이지 않도록 / 극장에서 울려 퍼질 때.//
Practicing projection and clarity / is fun.// To do so,/ get a writing pen / and put it in your mouth.//
큰 소리 내기와 명확하게 말하기 연습은 / 재미있다.// 그렇게 하기 위해 / 펜을 준비해서 / 그것을 입에 물어봐라.//
Then,/ turn on your favorite song / – make sure / it's loud!//
그러고 나서 /여러분이 가장 좋아하는 노래를 불러봐라/ – 분명히 하라 / 소리가 커야한다는 것을.//
If you can speak clearly / even though the music is blasting / and you have a pen in your mouth,/
명확하게 말할 수 있다면 / 음악이 울려 퍼지고 있더라도 / 그리고 입에 펜을 물고 있다면 /
then you'll have no problem / speaking / with no pen and no music.//
여러분은 문제가 없을 것이다 / 말하는 데 / 펜과 음악 없이//

Writing Practice (쓰기 연습) 2

Step 1

1. 영화배우들은 근접촬영을 통해 그들 얼굴의 각 세부를 표현할 수 있는 유리한 점이 있지만, 연극배우들은 멀리서도 알아볼 수 있도록 표현을 과장해야 합니다.

Film actors benefit from ________ ________ that show each detail of their faces, yet play actors have to exaggerate their expressions to be seen ______ _____ __________.

• close-up shots 근접 촬영 • from a distance 멀리서

2. 왜냐하면 웃거나 우는 연기는 비슷하게 보이고 들릴 수 있기 때문에, 배우들은 또한 그들의 감정이 분명히 전달될 수 있도록 연습해야 합니다.

Because actions like laughing and crying can _____ _____ ________ similar, actors also ______ ________ to be clear with their emotions.

• look and sound 보이고 들리다 • must practice 연습해야 한다

3. 과장하는 연기를 연습하기 위해 침실 반대편에 거울을 놓습니다.

Practice ___________ by placing a mirror ____ _____ _______ _____ _____ your bedroom.

• exaggerating 과장 • on the other side of ~의 반대편에

4. 거울을 보는 동안 아무것도 사용하지 말고 행복, 공포, 슬픔 등 다음의 감정들을 얼굴로 표현해 보세요.

While staring at the mirror, use nothing ____ ______ _______ to express the following emotions: happiness, _____, _________.

• by your face 여러분의 얼굴로 • fear 공포 • sadness 슬픔

5. 그리고 나서 혼란, 짓궂은 장난 또는 따분함과 같은 좀 더 복잡한 감정을 시도해 보세요.

Then, try more _______ ________ like confusion, mischievousness, or ________.

• complex emotions 복잡한 감정 • ennui 지루함

Step 2

1. 배우들은 또한 실제보다 더 큰 목소리를 내야 합니다.
2. 고대 배우들은 마이크 없이도 극장 맨 뒷줄까지 목소리가 들려야 했습니다.
3. 마이크가 있다 할지라도 배우들은 극장에서 소리가 울려 뒤섞이지 않도록 매우 명확하게 발성해야 합니다.
4. 큰 발성과 명확한 소리를 연습하는 것은 재미있습니다.
5. 연습하기 위해 펜을 입에 물어보세요.
6. 그리고 나서 여러분이 가장 좋아하는 노래를 불러보세요. 물론 크게 불러야 합니다.
7. 음악이 울려 퍼지고 있지만 입에 펜을 물고 명확하게 말할 수 있다면 여러분은 펜과 음악 없이도 말하는 것에 문제가 없을 것입니다.

1. Actors must also make their voices"________ ______ _______."
2. In ancient times, actors had to ______ ________ from the ______ _______ of theaters without microphones!
3. Even with microphones, actors must speak with extra ________ so that their words don't get jumbled ____ _______ ________ in the theater.
4. Practicing ___________ and clarity is fun.
5. To do so, get a writing pen and ______ _____ ______ your mouth.
6. Then, _______ ______ your favorite song –_______ _______ ________ it's loud!
7. If you can speak clearly even though the music is __________ and you have a pen in your mouth, then _______ _______ ______ _____________ speaking with no pen and no music.

Tips

larger than life 실제보다 큰
clarity 명료성, 명확성
projection (연극에서)소리 내지르기
make sure 분명히 하다
row 줄, 열
echo 반향하다, 울려 퍼지다
turn on ~을 틀다
blast 큰 소리를 내다, 쾅쾅 울려 퍼지다

MP3 #11

5 When we improvise, we make things up as we're doing them. Though most plays have scripts, all actors must learn to improvise. This skills helps them do well even when things go wrong on stage. The best actors make it seem like their improvisations are part of the script!

To play a fun "improv" game, gather friends and give everyone three strips of paper. On each strip, write the names of a person (such as a circus midget, or Jonghyun of Shinee), an action (hunting, tying shoes), or a place (a baseball game, the moon). Put the strips in piles and shuffle them. Now, have each friend pick one strip from each pile. Use improvisation to "act out" your picks.

For example, if you draw "Jonghyun hunting on the moon" then you'll have to sing, mime a gun, and bounce around like you're floating! Come up with the silliest people, actions, and places you can.

즉석연기는 연기를 하면서 지어내는 것입니다. 대부분의 연극이 대본이 있지만 모든 배우들은 즉석연기를 배워야만 합니다. 이 기술은 배우들이 무대에서 무언가 잘못 되었을 때 도움이 됩니다. 훌륭한 배우는 즉석연기를 대본에 원래 있었던 것처럼 보여줍니다.

재미있는 즉석연기 게임을 하기 위해 친구들을 모아 각각에게 세 장의 종이를 주세요. 각 종이에는 사람의 이름(서커스의 난장이 또는 샤이니의 종현과 같은), 행동(사냥, 신발끈 매기), 또는 장소(야구게임, 달)를 적습니다. 종이를 모아 한데 섞습니다. 한 명씩 종이 한 장을 뽑습니다. 뽑은 종이에 적힌 것을 토대로 즉흥연기를 하는 것입니다.

예를 들어, "달에서 사냥하는 종현"을 뽑았다면 여러분은 둥둥 떠다니는 것처럼 튀어 오르며 총을 잡은 모습을 하고 노래를 불러야 합니다. 여러분이 생각할 수 있는 재미있는 사람들과 행동, 장소들을 적어 한 번 해보세요.

words & phrases

improvise[ímprəvàiz] 즉석에서[즉흥적으로] 작곡[연주, 노래, 연설]하다
make up 지어내다
when things go wrong 일이 잘못 풀릴 때
strip of paper 가는 종잇조각
circus midget 서커스의 난장이
shuffle[ʃʌfl] ~을 섞다
pick[pik] 고르다, 정선한 것
act out 실연하다, 연출하다
mime[maim] ~을 흉내 내다
bounce around 뛰어다니다
float[flout] 뜨다, 떠다니다
come up with 생각해내다
silly[síli] 어리석은, 바보 같은(= foolish, stupid)

[예문]

As he had nothing to prepare for the speech, he had to **improvise** a speech.
연설을 위해 준비한 것이 없었기 때문에 그는 즉석연설을 했다.

When he told a lie to her, he **made up** the story.
그가 그녀에게 거짓말을 할 때, 그는 이야기를 지어냈다.

청크 독해 MP3 #12

When we improvise,/ we make things up / as we're doing them.//

우리가 즉석연기를 할 때,/ 우리는 지어낸다 / 연기를 하면서.//

Though most plays have scripts,/ all actors must learn to improvise.//

대부분의 연극이 대본이 있지만 / 모든 배우들은 즉석연기를 배워야만 한다.//

This skills helps them / do well / even when things go wrong / on stage.//

이 기술은 배우들을 도와준다 / 잘하도록 / 무언가 잘못 되었을 때 / 무대에서.//

The best actors make it seem / like their improvisations are part of the script!//

최고의 배우들은 보이게 만든다 / 그들의 즉석연기를 대본의 일부같이.//

To play a fun "improv" game,/ gather friends / and give everyone / three strips of paper.//

재미있는 즉석연기 게임을 하기 위해 / 친구들을 모아 / 각각에게 줘라 / 세장의 종이를.//

On each strip,/ write the names of a person / (such as a circus midget,/ or Jonghyun of Shinee),/

각 종이에/ 사람의 이름들/ (서커스의 난장이 같은 / 또는 샤이니의 종현)/

an action (hunting, tying shoes),/ or a place (a baseball game, the moon).//

행동(사냥, 신발끈 매기)/ 또는 장소(야구게임, 달)를.//

Put the strips in piles / and shuffle them.// Now,/ have each friend pick one strip / from each pile.//

종이들을 쌓아두었다가 / 한데 섞는다.// 자, 이제/ 한 명씩 종이 한 장을 뽑게 하라/ 각각 쌓아둔 더미에서.//

Use improvisation / to "act out" your picks.//

즉석 연기를 이용해서 / 당신이 뽑은 것들을 연기하라.//

For example,/ if you draw / "Jonghyun hunting on the moon"/ then you'll have to sing,/

예를 들어 / 당신이 뽑는다면 / "달에서 사냥하는 종현"을 / 여러분은 노래를 불러야 하고,/

mime a gun,/ and bounce around / like you're floating!//

총 잡은 모습을 흉내내고,/ 뛰어다녀야 할 것이다 / 둥둥 떠다니는 것 같이.//

Come up with / the silliest people, actions, and places / you can.//

생각해내라 / 우스꽝스러운 사람들과 행동, 장소들을 / 여러분이 할 수 있는.//

Listening & Speaking (듣기&말하기) 2

Step 1 스크립보지 말고 두 번 들어보세요.

When we improvise, we make things up as we're doing them. Though most plays have scripts, all actors must learn to improvise. This skills helps themdo well even when things go wrong on stage. The best actors make it seem like their improvisations are part of the script!

To play a fun "improv" game, gather friends and give everyone three strips of paper. On each strip, write the names of a person (such as a circus midget, or Jonghyun of Shinee), an action (hunting, tying shoes), or a place (a baseball game, the moon). Put the strips in piles and shuffle them. Now, have each friend pick one strip from each pile. Use improvisation to "act out" your picks.

For example, if you draw "Jonghyun hunting on the moon" then you'll have to sing, mime a gun, and bounce around like you're floating! Come up with the silliest people, actions, and places you can.

Step 2 표시에서 끊어 읽어보세요.
(빨간색 표시는 강세 음절이고 진하게 표시된 단어들은 강하게 읽는 단어)

When we **improvise**,/ we **make things up** / as we're **doing** them.// Though **most plays have scripts**,/ **all actors must learn** to **improvise**.// **This skills helps** them **do well** / **even when things go wrong** / on **stage**.// The **best actors make** it / **seem** like their **improvisations** / are **part** of the **script**!//

To **play** a **fun** "**improv**" **game**,/ **gather friends** / and **give** everyone / **three strips** of **paper**.// On **each strip**,/ **write** the **names** of a **person** / (**such as** a **circus midget**,/ or **Jonghyun** of **Shinee**),/ an **action** (**hunting, tying shoes**),/ or a **place** / (a **baseball game**, the **moon**).// **Put** the **strips** in **piles** /and

shuffle them.// **Now,**/ **have each friend pick one strip** / from **each pile**.// Use improvisation / to "**act out**" your **picks**.//

For **example,**/ if you **draw** / "**Jonghyun hunting** on the **moon**"/ **then** / you'll **have to sing**,/ **mime** a **gun**,/ and **bounce around** / like you're **floating**!// **Come up** with the **silliest people**,/ **actions**,/ and **places** / you **can**.//

Step 3 한글 발음토

웬 우이 임프러봐이즈 / 우이 메잌 ㅆ+띵즈 엎 / 애즈 우이어 두잉 뎀.// 도(우) 모(우) 스(트) 플레이즈 해(브) 스크맆스,/ 올 액터즈 마스(트) 런 투 임프러봐이즈.// 디(스) 스키얼즈 핼(프)스 뎀 두 웰 / 이븐 웬 ㅆ+띵즈 고(우) 뤙 / 온 스테이쥐.// 더 배스(트) 액터즈 메이킽 / 씸 라이(크) 데(어) 임프라붜제이션즈 / 아 파러(브)더 스크맆(트)!// 투 플레이 어 ㅍ+휜 임프라(브) 게임,/ 개더 ㅍ+흐랜즈 / 앤 기(브) 애브리 완 / ㅆ+뜨리 스트맆스 어(브) 페이퍼.// 온 이취 스트맆,/ 롸잍 더 네임즈 어(브) 어 퍼(어)슨 / 써취 애즈 어 써커스 미짙,/ 오(어) 종현 어(브) 샤이니,/ 언 액션 헌팅, 타잉 쉬즈,/ 오(어) (어) 플레이스 / (어) 베이스볼 게임, 더 문.// 퓥 더 스트맆스 인 파일즈 / 앤 셔ㅍ+흘 뎀.// 나우,/ 해브 이취 ㅍ+흐랜(드) 픽 완 스트맆 / ㅍ+흐럼 이취 파일.// 유즈 임프라붜제이션 / 투 액(트) 아웉 / 유(어) 픽스.//

ㅍ+호 이그잼플 / 이(ㅍ+흐) 유 드로 / 종현 헌팅 온 더 문 / 덴 / 율 해(브) 투 씽,/ 마임 어 건,/ 앤 바운스 (어)롸운(드) / 라이(크) 유(어) ㅍ+흘로우딩!// 캄 앞 윋 더 씰리이스(트) 피플,/ 액션즈,/ 플레이스즈 / 유 캔.//

한글 발음토를 따라 읽을 때는 Step 2의 강세 음절 표시와 강하게 읽는 단어 표시를 참고해서 따라 발음해보세요 !!

Step 4 발음 팁

- wrong[rɔ́:ŋ] – long과 구분해서 발음해야 하므로 [뤙] 비슷한 발음을 내야 한다.
- make it – 마치 한 단어를 발음하는 기분으로 연음시켜 [메이킽]처럼 발음해야 부드럽다.
- pile[pail] – file과 구분해서 발음해야 하니까 p를 [ㅍ]으로 발음해야 한다.
- act out – 연음시켜 [액타웉]처럼 발음되니까 주의한다.
- can[kən; kǽn] – 조동사 can이 맨 끝에 나올 때는 분명하게 [캔] 발음을 내준다.

Step 5 Useful Expressions

1. improvise 즉흥적으로 하다

I forgot the words of my speech, so I had to **improvise.**
연설에서 할 말을 잊어 버려서 나는 즉석에서 지어서 해야 했다.

2. skill 기술, 능력

I was amazed at how fast he picked up his new **skill.**
새로운 기술을 이렇게 빨리 습득했다는 사실에 놀랐습니다.

3. pile 더미, 쌓아올린 것

I drove into a snow **pile** after I skidded on ice.
난 빙판 위에서 미끄러진 뒤 눈더미로 돌진했어.

4. float 뜨다, 떠다니다

There are numerous rumors and gossips **floating** around the Internet every day.
매일 인터넷에는 수많은 루머와 가십들이 떠돌아다닌다.

5. come up with 내놓다, 해결책을 마련하다

I'll try to **come up with** some ideas to solve the problem.

이 문제의 해결책을 모색하도록 노력하겠습니다.

Step 6 Dialogs

1. learn 배우다

A : Mr. Kim, where did you **learn** your Spanish?

B : I taught myself.

A : I thought you took Spanish classes.

A : 미스터 김, 어디서 스페인어 배웠어요.

B : 독학했어요.

A : 난 스페인어 수업을 들은 줄 알았어요.

2. give 주다

A : What kind of style would you like?

B : Just **give** me something trendy.

A : This is the most popular style.

A : 어떤 스타일을 원하십니까?

B : 그냥 유행하는 것으로 해주세요.

A : 이게 가장 인기 있어요.

3. for example 예를 들면

A : Most politicians are liars.

B : Name one, **for example.**

A : Try to remember what they said four years ago.

A : 대다수 정치인들은 거짓말쟁이야.

B : 예를 들어, 한 가지만 말해봐.

A : 정치인들이 4년 전에 한 말을 기억해봐.

4. silly 바보 같은, 어리석은

A : Why are you so upset?

B : Shane has been badmouthing me behind my back to bring us apart.

A : Don't be **silly**. He hasn't told me anything bad about you.

A : 왜 그렇게 화가 났니?

B : 쉐인이 우리 사이를 이간질하려고 내 뒤에서 내 욕을 하고 다녔어.

A : 바보같이 말하지 마! 걔는 너에 대해 나쁘게 말한 거 없어.

• 재미코너 •

"Break a leg" 란?

MP3 #13

If you're hanging out with actors before a play, you might hear them saying a strange phrase to each other: "break a leg!" Why, you'd wonder, are the actors telling each other to injure themselves?

Actors believe that it's bad luck to say "good luck" before a performance, so they say "break a leg" instead! The reason for the superstition is the idea that accidents happen when we're not expecting them. If that's true, then expecting a broken leg protects actors from getting hurt on stage!

There are many other theatrical superstitions. It's considered bad luck to finish a play with no audience, so some actors never say the final line of a play in practice. Others won't say "Macbeth," because they believe that Shakespeare's play Macbeth is cursed. Oddly enough, it's even considered bad luck to have a good dress rehearsal!

여러분이 배우들과 공연전날 시간을 보내면 아마 서로에게 이상한 말을 하는 것을 들을 수 있을 겁니다. 바로 "break a leg"입니다. 배우들은 왜 서로에게 해가 되는 말을 하는 것인지 궁금할 겁니다. 배우들은 공연 전 "행운을 빌어"라고 말하면 불행한 일이 생길 것이라고 믿고 있습니다. 그래서 (행운을 바라는 마음으로) 대신에 "break a leg"라고 말하는 겁니다. 이 미신은 사고가 우리가 예상하지 못할 때 일어난다는 생각에서 나왔습니다. 만약 이것이 진짜라서 다리가 부러지는 것을 기대하면 배우

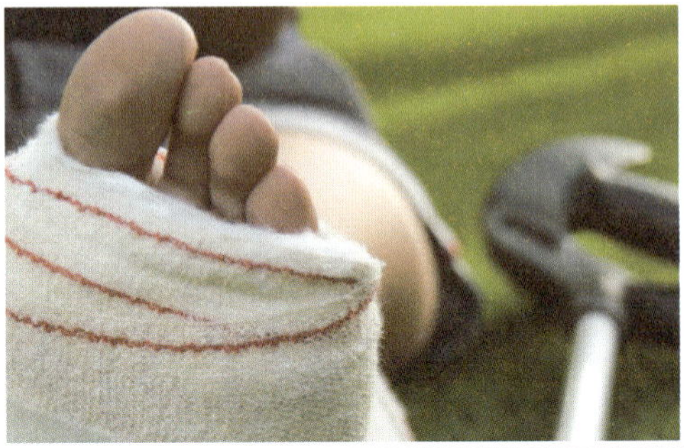

들은 무대 위에서 다치지 않겠지요?

연극과 관련한 다른 미신들이 아주 많이 있습니다. 관객들 없이 연극을 마치게 되면 불행으로 여겨지기 때문에 몇몇 배우들은 연습할 때 마지막 대사는 말하지 않습니다. 어떤 사람들은 "Macbeth(맥베드)"라고 말하지 않습니다. 왜냐하면 그들은 셰익스피어의 연극 맥베드가 저주에 걸렸다고 생각하기 때문입니다. 더 이상한 것은 심지어 좋은 옷을 입고 리허설 하는 것도 불행을 가져온다고 생각한다는 겁니다.

words & phrases

hang out with ~와 어울려 다니다
break a leg 행운을 빌어
superstition[sù:pərstíʃən] 미신
accident[ǽksidənt] 사고
broken leg 부러진 다리
protect[prətékt] 보호하다
theatrical[θiǽtrikəl] 연극의
audience[ɔ́:diəns] 관객, 청중, 관중
line[lain] (연극의) 대사
curse[kə:rs] ~을 저주하다
oddly enough충분히 이상[괴상]하게도

[예문]

He hang out with his friends and had a good time.
그는 친구들과 어울려 좋은 시간을 보냈다.

Oddly enough, I had more customers than usual on that day.
이상하게도, 그날에는 평상시보다 손님이 많았다.

청크 독해 MP3 #14

If you're hanging out with actors / before a play,/ you might hear them saying /
여러분이 배우들과 시간을 보내면 / 공연하기 전에 / 아마 그들이 말을 하는 것을 들을 수 있다/
a strange phrase to each other:/ "break a leg!".//
서로에게 이상한 말을:/그건 바로 "break a leg"이다.//
Why,/ you'd wonder,/ are the actors telling each other / to injure themselves?//
왜,/ 여러분들은 궁금하게 생각할 것이다 / 배우들은 서로에게 말을 하는 것인지 / 자신들에게 해가 되는.//
Actors believe / that it's bad luck / to say "good luck" / before a performance,/
배우들은 믿고 있다 / 불행이라고 / "행운을 빌어"라고 말하는 것이 /공연전에 /
so they say / "break a leg" / instead!//
그래서 말한다 / (행운을 바라는 마음으로) "break a leg"라고 / 대신에!//
The reason for the superstition / is the idea / that accidents happen /
이 미신의 이유는 / 생각이다 / 사고가 발생한다는 /
when we're not expecting them.//
우리가 예상하지 못할 때.//
If that's true,/ then expecting a broken leg / protects actors / from getting hurt / on stage!//
만약 이것이 진짜라면,/ 다리가 부러지는 것을 기대하는 것이 / 배우들을 보호한다 /다치는 것으로부터 / 무대 위에서.//
There are many other theatrical superstitions.//
연극과 관련한 다른 미신들이 아주 많이 있다.//
It's considered bad luck / to finish a play / with no audience,/
불행으로 여겨진다 / 연극을 마치게 되면 / 관객들 없이./
so some actors never say / the final line of a play / in practice.//
그래서 몇몇 배우들은 절대로 말하지 않는다 / 연극의 마지막 대사를 / 연습할 때.//
Others won't say "Macbeth,"/ because they believe / that Shakespeare's play Macbeth is cursed.//
어떤 사람들은 "Macbeth(맥베스)"라고 말하지 않는다/ 왜냐하면 그들은 믿기 때문에 /셰익스피어의 연극 맥베스가 저주에 걸렸다고.//
Oddly enough,/ it's even considered bad luck / to have a good dress rehearsal!//
이상하게도 / 심지어 불행을 가져온다고 생각된다 / 좋은 옷을 입고 리허설 하는 것도!//

Writing Practice (쓰기 연습) 3

1. 여러분이 배우들과 공연전날 시간을 보내면 아마 서로에게 이상한 말을 하는 것을 들을 수 있을 겁니다.

If you're ________ _____ ______ actors before a play, you might hear them saying a strange phrase _____ _______ ________.

• hang out with ~와 어울려 시간을 보내다 • to each other 서로에게

2. 바로 "break a leg"입니다.

: "break a leg!"

3. 배우들은 왜 서로에게 해가 되는 말을 하는 것인지 궁금할 겁니다.

Why, you'd _______, are the actors telling each other to _______ themselves?

• wonder 궁금하게 생각하다 • injure 해치다

4. 배우들은 공연 전 "행운을 빌어"라고 말하면 불행한 일이 생길 것이라고 믿고 있습니다.

그래서 (행운을 바라는 마음으로) 대신에 "break a leg"라고 말하는 겁니다.

Actors believe that it's bad luck to say "good luck" _______ _____ ____________, so they say "break a leg" ________!

• before a performance 공연 전에 • instead 대신에

5. 이 미신은 사고가 우리가 예상하지 못할 때 일어난다는 생각에서 나왔습니다.

The reason for the ___________ is the idea that __________ ________ when we're not expecting them.

• superstition 미신 • accidents 사고가 발생하다

6. 만약 이것이 진짜라서 다리가 부러지는 것을 기대하면 배우들은 다치지 않겠지요?

If that's true, then expecting a ________ ______ protects actors from getting hurt ____ _______!

• broken leg 부러진 다리 • on stage 무대 위에서

7. 연극과 관련한 다른 미신들이 아주 많이 있습니다.

________ ______ ________ other theatrical superstitions.

• There are many 많이 있다

8. 관객들 없이 연극을 마치게 되면 불행으로 여겨지기 때문에 몇몇 배우들은 연습할 때 마지막 대사는 말하지 않습니다.

It's considered _____ ______ to finish a play with no audience, so some actors never say the ______ ______ of a play in practice.

• bad luck 불행 • final line 마지막 대사

9. 어떤 사람들은 "Macbeth(맥베스)"라고 말하지 않습니다. 왜냐하면 그들은 세익스피어의 연극 맥베스가 저주에 걸렸다고 생각하기 때문입니다.

________ won't say "Macbeth," because they believe that Shakespeare's play Macbeth ____ _______.

• Others 다른 사람들 • is cursed 저주받다

10. 더 이상한 것은 심지어 좋은 옷을 입고 리허설 하는 것도 불행을 가져온다고 생각한다는 겁니다.

________ _________, it's ______ considered bad luck to have a good dress rehearsal!

• oddly enough 이상한 일인데 • even 심지어

Unit 2 Theater through the ages

• 시대별 연극이야기 •

MP3 #15

1 Theater is among the oldest and most artistic forms of storytelling. It has been written and performed for thousands of years, in cultures around the world.

Thespis, from Ancient Greece, is often called "the world's first actor." Before Thespis, people told stories in theaters. According to Aristotle, however, Thespis was the first person to pretend to be the characters in the stories. He used masks to change between characters. Today, we call actors thespians in honor of him.

The first known form of Asian theater, called Sanskrit Theater, began in India. Indians believed that theater was a gift from the gods, and they created specific rules about make up, costumes, and the way stages were built.

In Japan, Noh Theater developed around 1300. Interestingly, Noh actors are only allowed to rehearse with each other one time before they perform! Performers practice by themselves before plays, and no one knows exactly what will happen when they meet on stage.

이야기 전달하기의 가장 오래되고 가장 예술적인 형태들 중에 연극이 있습니다. 그것은 전 세계 문화권에서 수천 년 동안 쓰이고 상연되었습니다.

고대 그리스의 테스피스는 종종 세계 최초의 배우라고 불립니다. 테스피스 전에 사람들은 극장에

서 이야기를 했습니다. 그러나 아리스토텔레스에 따르면, 테스피스는 이야기들의 캐릭터들인 척한 최초의 사람이었습니다. 그는 캐릭터들 사이를 변화시키기 위해 가면을 이용했습니다. 오늘날 우리는 배우들에게 경의를 표하며 '세스피언(연기자)'이라고 부릅니다.

산스크리트 연극이라고 불리는 최초로 알려진 형태의 아시아 연극은 인도에서 시작했습니다. 인도인들은 연극은 신들이 준 선물이라고 믿었으며 화장, 의상 그리고 무대가 지어진 방식들에 관한 명확한 규칙들을 만들었습니다.

일본에서는 Noh 연극이 1300년경 발달했습니다. 흥미롭게도 Noh 배우들은 연기하기 전에 오직 한 번만 서로 리허설하도록 허용되었습니다. 연기자들은 홀로 연습하다가 연극을 하고 그들이 무대 위에서 만날 때 정확히 무슨 일이 벌어질지는 아무도 모릅니다.

[예문]

There was a 2munite silence **in honor of** those who died in the Korean war.
한국전쟁에서 전사한 군인들을 위한 2분 간의 묵념이 있었다.

I'll be never **on stage**.
나는 결코 무대에 서지 않을 것이다.

words & phrases

theater[θíːətər] 연극
artistic[aːrtístik] 예술적인
storytelling[stɔ́ːritèliŋ] 이야기를 하는 일
culture[kʌltʃər] 문화
Thespis[θéspis] 최초의 배우
pretend[priténd] ~인척하다
thespian[θéspiən] 배우, 연기자
in honor of ~에게 경의를 표하여
specifc rules 명확한 규칙
makeup 화장(하기)
interestingly[íntərəstiŋli] 흥미롭게도
performer[pərfɔ́ːrmər] 연기자
on stage 무대에서

청크 독해 MP3 #16

Theater is among the oldest and most artistic forms of storytelling.//

이야기 전달하기의 가장 오래되고 가장 예술적인 형태들 중에 연극이 있다.//

It has been written and performed / for thousands of years,/ in cultures around the world.//

그것은 쓰이고 상연되었다/ 수천 년 동안 / 전 세계 문화권에서.//

Thespis,/ from Ancient Greece,/ is often called / "the world's first actor."/

테스피스는 / 고대 그리스의 / 종종 불린다 /세계 최초의 배우라고.//

Before Thespis,/ people told stories in theaters.//

테스피스 전에 / 사람들은 극장에서 이야기를 했다.//

According to Aristotle,/ however,/ Thespis was the first person /

아리스토텔레스에 따르면,/ 그러나 / 테스피스는 최초의 사람이었다 /

to pretend to be the characters / in the stories.//

캐릭터들인 척한 / 이야기들의.//

He used masks / to change between characters.//

그는 마스크를 이용하여 /이 캐릭터에서 저 캐릭터로 바뀌는 연기를 보였다.//

Today,/ we call actors thespians / in honor of him.//

오늘날 / 우리는 배우들을 '쎄스피언(연기자)'이라고 부른다 / 그에게 경의를 표하여.//

The first known form of Asian theater,/ called Sanskrit Theater,/ began in India.//

최초로 알려진 형태의 아시아 연극은 / 산스크리트 연극이라고 불리는 / 인도에서 시작되었다.//

Indians believed / that theater was a gift / from the gods,/ and they created specific rules /

인도인들은 믿었다 / 연극은 신들이 준 선물이라고 / 신이 준 / 그리고 명확한 규칙들을 만들었다 /

about make up, costumes, and the way stages were built.//

화장, 의상 및 무대가 지어진 방식들에 관한.//

In Japan,/ Noh Theater developed around 1300.//

일본에서는 / Noh 연극이 1300년경 발달했다.//

Interestingly,/ Noh actors are only allowed to rehearse / with each other /

흥미롭게도 / Noh 배우들은 리허설 하도록 허용되었다 / 서로 /

one time / before they perform!//

한 번만 /연기하기 전에.//

Performers practice / by themselves / before plays, / and no one knows / exactly what will happen /

연기자들은 연습한다 / 홀로 / 연극이 상연되기 전에 / 그리고 아무도 모른다 / 정확히 무슨 일이 벌어질지 /

when they meet on stage.//

그들이 무대 위에서 만날 때.//

Writing Practice (쓰기 연습) I

1. 이야기 전달하기의 가장 오래되고 가장 예술적인 형태들 중에 연극이 있습니다.
2. 그것은 전 세계문화권에서 수천 년 동안 쓰이고 상연되었습니다.
3. 고대 그리스의 테스피스는 종종 세계 최초의 배우라고 불립니다.
4. 테스피스 전에 사람들은 극장에서 이야기를 했습니다.
5. 그러나 아리스토텔레스에 따르면, 테스피스는 이야기들의 주인공인 척한 최초의 사람이었습니다.
6. 그는 캐릭터들 사이를 변화시키기 위해 가면을 이용했습니다.
7. 오늘날 우리는 배우들에게 경의를 표하며 '세스피언(연기자)'이라고 부릅니다.
8. 산스크리트 연극이라고 불리는 최초로 알려진 형태의 아시아 연극은 인도에서 시작했습니다.
9. 인도인들은 연극은 신들이 준 선물이라고 믿었으며, 화장, 의상 그리고 무대가 지어진 방식들에 관한 명확한 규칙들을 만들었습니다.
10. 일본에서는 Noh 연극이 1300년경 발달했습니다.
11. 흥미롭게도 Noh배우들은 연기하기 전에 오직 한 번만 서로 리허설하도록 허용되었습니다.
12. 연기자들은 홀로 연습하다가 연극을 하고 그들이 무대 위에서 만날 때 정확히 무슨 일이 벌어질지는 아무도 모릅니다.

1. Theater is among the oldest and most _______ ______ of storytelling.
2. It has been written and performed for thousands of years, ____ _________ around the world.
3. Thespis, from Ancient Greece, ____ _______ ________ "the world's first actor."

4. Before Thespis, people _____ _______ in theaters.

5. According to Aristotle, _________, Thespis was the first person ____ ________ to be the characters in the stories.

6. He used masks to change ______ _______.

7. Today, we call actors thespians ____ ________ _____ him.

8. _____ _______ _______ _______ of Asian theater, called Sanskrit Theater, began in India.

9. Indians believed that theater was a gift from the gods, and they ________ _______ ______ about makeup, _______, and the way stages were built.

10. In Japan, Noh Theater ________ around 1300.

11. _________, Noh actors are only allowed to rehearse with each other _____ _______ before they perform!

12. __________ practice by themselves before plays, and _____ ______ ________ exactly what will happen when they meet on stage.

Tips

artistic 예술적인
storytelling 이야기를 하는 일
pretend ~인척하다
in honor of ~에게 경의를 표하여
specifc rules 명확한 규칙
interestingly 흥미롭게도
performer 연기자

form 형태
culture 문화
thespian 배우, 연기자
create 만들다, 창조하다
costume 의상
one time 한 차례
no one knows 아무도 모른다

MP3 #17

2 Passion Plays were popular during the Medieval Period in Europe (415-1492). Passion plays are religious plays that show the last days of the life of Jesus Christ. Passion Plays were as gruesome as possible.

Britain's William Shakespeare (1564-1616) is the most famous playwright of all time. His plays helped spread English throughout the world, and feature the first uses of thousands of now-common words including "gloomy," "puking," "champion," and "skim milk."

예수 수난극은 유럽에서 중세기(415–1492)에 인기가 있었습니다. 예수 수난극은 예수 그리스도 삶의 말기를 보여주는 종교적인 극들입니다. 예수 수난극은 최대한 소름끼치는 내용이었습니다.

영국의 윌리엄 셰익스피어(1564–1616)는 역사상 가장 유명한 희곡작가입니다. 그의 희곡들은 영어를 전 세계에 보급시키는 데 일조하였고 지금은 상용어가 된 수천 개의 영단어들을 최초로 사용했다는 특징이 있습니다. 여기에는 "우울한", "구토", "챔피언" 및 "탈지 우유"가 포함됩니다.

words & phrases

passion play 예수 수난극
gruesome[grú:səm] 소름끼치는, 무시무시한
playwright 역사상 최고의, 고금의, 전무후무한
spread[spred] 전파하다, 퍼트리다
gloomy[glú:mi] 우울한, 어두운
puking 구토
skim milk 탈지 우유

[예문]

Don't tell me about the **gruesome** incident.
그 소름끼치는 사건에 대해서 나에게 이야기하지 마시오.

Michael Jackson is considered to be the best pop singer **of all time**.
마이클 잭슨은 역사상 최고의 팝 가수로 간주된다.

청크 독해 MP3 #18

Passion Plays were popular / during the Medieval Period / in Europe (415-1492).//
예수 수난극은 인기가 있었다 / 중세기에 / 유럽에서 (415-1492).//

Passion plays are religious plays / that show / the last days of the life of Jesus Christ.//
예수 수난극은 종교적인 희곡들이다 /보여주는 / 예수 그리스도 삶의 말기를.//

Passion Plays were / as gruesome as possible.//
예수 수난극은 ~이었다 / 최대한 소름끼치는 내용.//

Britain's William Shakespeare (1564-1616)/ is the most famous playwright of all time.//
영국의 윌리엄 셰익스피어(1564-1616)는 / 역사상 가장 유명한 희곡작가이다.//

His plays helped spread English / throughout the world,/ and feature / the first uses /
그의 희곡들은 영어를 보급하는 데 일조했고 / 전 세계에 / 특징이 있다 / 최초로 사용했다는 /

of thousands of now-common words /including "gloomy", "puking", "champion", and "skim milk".//
지금은 상용어가 된 수천 개의 영단어들을 / "우울한", "구토", "챔피언" 및 "탈지 우유"를 포함하는.//

Listening & Speaking (듣기&말하기) Ⅰ

Step 1 스크립보지 말고 두 번 들어보세요.

Passion Plays were popular during the Medieval Period in Europe (415-1492). Passion plays are religious plays that show the last days of the life of Jesus Christ. Passion Plays were as gruesome as possible.

Britain's William Shakespeare (1564-1616) is the most famous playwright of all time. His plays helped spread English throughout the world, and feature the first uses of thousands of now-common words including "gloomy," "puking," "champion," and "skim milk."

Step 2 표시에서 끊어 읽어보세요.

(빨간색 표시는 강세 음절이고 진하게 표시된 단어들은 강하게 읽는 단어)

Passion Plays were **popular** / during the **Medieval Period** / in **Europe** // **Passion plays** are **religious plays** / that **show** the **last days** / of the **life** of **Jesus Christ**.// **Passion Plays** were / as **gruesome** as **possible**.//

Britain's William Shakespeare / is the **most famous playwright** / of **all time**.// His **plays helped spread English** / throughout the **world**,/ and **feature** the **first uses** / of **thousands** of **now-common words** / **including "gloomy,"** / **"puking,"** / **"champion,"** / and **"skim milk."**//

Step 3 한글 발음토

패션 플레이즈 워 파퓰러 / 듀링 더 미:디:뷜 피(어)리어(드) / 인 유렆.// 패션 플레이즈 아 륄리지어스 플레이즈 / 댇 쇼우 더 래스(트) 데이즈 / 어(브) 더 라이(ㅍ+흐) 어(브) 지저스 크라이스(트).// 패션 플레이즈 워 / 애즈 그루썸 애즈 파서블.//
브릳은스 윌리엄 쉐잌스피어 / 이즈 더 모(우)스(트) ㅍ+훼이머스 플레이롸잍 / 어(브) 올 타임.// 히즈 플레이즈 핼(프)(트) 스프래(드) 잉글리쉬 / ㅆ+뜨루아웉 더 월(드),/ 앤 ㅍ+휘처 더 ㅍ+훠스(트) 유스즈 / 어(브) ㅆ+따우전즈 어(브) 나우-카먼 워즈 / 인클루딩 글루미, / 퓨킹 / 췜피언 / 스킴 미얼(크).//

한글 발음토를 따라 읽을 때는 Step 2의 강세 음절 표시와 강하게 읽는 단어 표시를 참고해서 따라 발음해보세요 !!

Step 4 발음 팁

- Medieval[mì:dií:vəl] – [미:디:뷜] :는 장음표시니까 약간 길게 발음하는 기분으로 발음해야 한다.
- religious[rilídʒəs] – 강세가 밑줄 친 i에 있다는 데 유의하자.
- Britain[brítn] – tain로 끝난 단어들은 코맹맹이 발음을 내줘야 한다. [브릳.은]을 발음하면 코맹맹이 발음이 나온다. 점 표시는 앞에서 짧게 끊고 [은]발음을 내면 된다.
- common[kάmən] – [콤몬]이라고 발음한다면 그건 대표적인 콩글리쉬이다. 정확한 발음은 [카먼]이다. 강세가 첫 모음에 있고 겹자음 m은 한 번만 발음하기 때문이다.
- milk[milk]– mil[미얼]을 강하게 발음하면서 한 음절로 발음하는 기분으로 발음하고 k는 아주 약한 [크]발음으로 발음해야 한다.

Step 5 Useful Expressions

1. medieval 중세의

Dekaron is set in **medieval** times.

데카론은 중세 시대를 배경으로 한다.

2. religious 종교의

Wars even break out due to different **religious** beliefs.

종교적인 믿음의 차이 때문에 심지어 전쟁이 일어나기도 한다.

3. all-time 전대미문의

Ward is the **all-time** leader in just about every receiving category.

워드는 거의 모든 리시빙 포지션 부분에서 최고의 선수이다.

4. spread 전파하다, 퍼뜨리다

The missionaries went forth and **spread** the word of God.

전도사들은 나아가서 하나님의 말씀을 전파했다.

5. gloomy 우울한

The mood in Japan is so **gloomy** now.

일본의 분위기는 지금 매우 우울합니다.

Step 6 Dialogs

1. during .....동안

A : Would you be free anytime **during** the week?

B : I'm free tomorrow.

A :Then, in the morning or in the afternoon?

A : 금주 중으로 언제 시간이 좀 나겠습니까?

B : 내일은 한가해요.

A : 그러면, 오전에요 아니면 오후에요?

2. life 인생, 삶

A : Tell me a little bit about your military service?

B : It was a turing point in my **life**.

A : Why do you think so?

A : 군복무에 대해 좀 얘기해보세요.

B : 그것이 제 인생의 전환점이 되었습니다.

A : 왜 그렇게 생각하세요?

3. world 세계, 세상

A : What is your dream?

B : My dream is traveling around the **world**. What about you?

A : To become a pilot.

A : 넌 꿈이 뭐니?

B : 내 꿈은 전 세계를 여행하는 거야. 너는?

A : 비행기 조종사가 되는 거야.

4. including 포함하여

A : How many people are visiting our embassy?

B : 20 people **including** me.

A : Who are they?

A : 몇 명이 우리 대사관을 방문하죠?

B : 저를 포함해서 20명이요.

A : 그 사람들은 어떤 분들이죠?

MP3 #19

3 Opera was invented in Italy around the same time that Shakespeare was alive. Operas are stories that are entirely sung, and they're usually tragic. Many old operas are still performed today, including works by Mozart, Handel, and Verdi.

Musical theater, which became popular in America in the twentieth century, is like opera but with pop music instead of classical music. Instead of singing for the entire show, musical actors break into songs at certain points in the script. Often, musicals feature large dance numbers with lots of dancers. Broadway Street in New York is known as the capital of musical theater.

오페라는 셰익스피어가 살아있던 시기와 거의 동시에 이탈리아에서 발명되었습니다. 오페라들은 전부 노래로 불려지는 이야기들이고 대개 비극적입니다. 모차르트, 헨델, 베르디의 작품들을 포함하여 오늘날 많은 오래된 가극들이 여전히 공연되고 있습니다.

20세기에 미국에서 인기가 있었던 뮤지컬 극장은 가극 같지만 고전 음악이 아니라 팝 음악이 공연되는 극장입니다. 뮤지컬 배우들은 전 쇼가 공연되는 동안 노래를 부르는 것이 아니라 대본대로 특정 시점에서 노래를 시작합니다. 종종 뮤지컬들은 많은 댄서들과 함께하는 많은 댄스곡들을 특징으로 합니다. 뉴욕의 브로드웨이 거리는 뮤지컬 극장의 중심지로 알려져 있습니다.

words & phrases

alive[əláiv] 살아있는
tragic[trǽdʒik]] 비극적인
works 작품
century[séntʃəri] 세기
break into songs 노래하기 시작하다
at certain points 특정 시점에서
in the script 대본대로
dance numbers 댄스 곡
feature[fíːtʃər] ~을 특징으로 하다
capital[kǽpətl] 수도

[예문]

At certain points in the near future, a big earth quake might hit Japan.
가까운 미래의 어느 특정 시점에, 대지진이 일본에 일어날는지 모른다.

What is the **capital** of Brazil?
브라질의 수도는 어디입니까?

청크 독해 MP3 #20

Opera was invented in Italy / around the same time / that Shakespeare was alive.//
오페라는 이탈리아에서 발명되었다 / 거의 동시에 / 셰익스피어가 살아있던 시기와.//

Operas are stories / that are entirely sung,/ and they're usually tragic.//
오페라들은 이야기들이다 / 전부 노래로 불려지는 / 그리고 그것들은 대개 비극적이다.//

Many old operas / are still performed / today,/ including works / by Mozart, Handel, and Verdi.//
많은 오래된 오페라들은 / 여전히 공연되고 있다 / 오늘날,/ 작품들을 포함하여 / 모차르트, 헨델, 베르디의.//

Musical theater, which became popular / in America / in the twentieth century,/
인기가 있었던 뮤지컬 극장은 / 미국에서 / 20세기에,/

is like opera / but with pop music / instead of classical music.//
가극과 같다 / 그러나 팝 음악이 공연되는 / 고전 음악이 아니라.//

Instead of singing / for the entire show,/ musical actors break into songs /
노래를 부르는 것이 아니라 / 전 쇼가 공연되는 동안 / 뮤지컬 배우들은 / 노래를 부르기 시작한다 /

at certain points / in the script.//
특정 시점에 / 대본대로.//

Often,/ musicals feature / large dance numbers / with lots of dancers.//
종종,/ 뮤지컬들은 특징으로 한다 / 많은 댄서 곡들을 / 많은 댄서들과 함께.//

Broadway Street in New York / is known / as the capital of musical theater.//
뉴욕의 브로드웨이 거리는 / 알려져 있다 / 뮤지컬 극장의 중심지로.//

Writing Practice (쓰기 연습) 2

1. 오페라는 셰익스피어가 살아있던 시기와 거의 동시에 이탈리아에서 발명되었습니다.

Opera was ________ in Italy around the same time that Shakespeare was ________.

• invented 발명하다(invent)의 과거분사 • alive 살아있는

2. 오페라들은 전부 불려지는 이야기들이고 대개 비극적입니다.

Operas are stories that are entirely sung, and they're ________ ________.

• usually tragic 대개 비극적이다

3. 모차르트, 헨델, 베르디의 작품들을 포함하여 오늘날 많은 오래된 가극들이 여전히 공연되고 있습니다.

Many old operas are ________ performed today, ________ ________ by Mozart, Handel, and Verdi.

• still 여전히 • including works 작품들을 포함하여

4. 20세기에 미국에서 인기가 있었던 뮤지컬 극장은 가극 같지만 고전 음악이 아니라 팝 음악이 공연되는 극장입니다.

Musical theater, which ________ ________ in America in the twentieth century, is like opera but with pop music ________ ____ classical music.

• became popular 인기가 있었다 • instead of ~이 아니라, ~대신에

5. 뮤지컬 배우들은 전 쇼가 공연되는 동안 노래를 부르는 것이 아니라 대본대로 특정 시점에서 노래를 시작합니다.

Instead of singing _____ the entire show,
musical actors break into songs at ______ ________ in the script.

• for ~동안 • certain points 특정 시점

6. 종종 뮤지컬들은 많은 댄서들과 함께 하는 많은 댄스곡들을 특징으로 합니다.

Often, musicals feature large _______ ________ with lots of dancers.

• dance numbers 댄스곡들

7. 뉴욕의 브로드웨이 거리는 뮤지컬 극장의 중심지로 알려져 있습니다.

Broadway Street in New York is ________ _____ the capital of musical theater.

• known as ~으로 알려져 있다

Unit 3

Stagecraft

● 무대 연출법 ●

MP3 #21

1 Creating the illusion of reality is one of the great challenges of theater. How do theater directors make the audience forget they're actually sitting in a theater watching actors on a stage?

Directors use lights, costumes, props, sounds, and sets to amaze audiences. These technical parts are called "stagecraft," and they are to plays what special effects are to films.

현실감을 창조하는 것은 연극에 있어서 가장 큰 난제 중 하나입니다. 연극 감독들은 어떻게 관객들이 지금 극장 의자에 앉아 무대 위의 배우들을 보고 있다는 것을 잊게 할까요? 감독들은 빛, 의상, 소품, 소리 그리고 무대세트를 사용하여 관객들을 놀라게 합니다. 이 기술적인 부분들은 연출기법이라고 불리며 이 연극의 연출기법은 영화에서의 특수효과에 해당됩니다.

words & phrases

illusion of reality 현실감
challenge[ʧǽlindʒ] 난제, 도전
light[lait] 빛
costume[kάstjuːm] 의상
props[praps] 소품
amaze[əméiz] ~을 놀라게 하다
stagecraft 연출기법
special effect 특수 효과

[예문]

The boxing champion took up the **challenge**.
그 권투 챔피언은 도전을 받아들였다.
Her natural talent in music really **amazed** me.
그녀의 음악에 천부적인 재능은 정말로 나를 놀라게 했다.

청크 독해 MP3 #22

Creating the illusion of reality / is one of the great challenges / of theater.//
현실감을 창조하는 것은 / 가장 큰 난제 중 하나이다 / 연극에서.//
How do theater directors make the audience forget /
연극 감독들은 어떻게 관객들을 잊게 할까? /
they're actually sitting / in a theater / watching actors on a stage?//
그들이 실제로 앉아 있다는 것을 / 극장에 / 무대 위의 배우들을 보면서.//
Directors use / lights, costumes, props, sounds, and sets / to amaze audiences.//
감독들은 사용한다 / 빛, 의상, 소품, 소리 그리고 무대세트를 / 관객들을 놀라게 하기 위해.//
These technical parts are called "stagecraft," / and they are to plays /
이 기술적인 부분들은 연출기법이라고 불린다 / 그리고 이들이 연극에 사용되는 것은 /
what special effects are to films.//
특수효과가 영화에 사용되는 것과 같다.//

Writing Practice (쓰기 연습) Ⅰ

1. 현실감을 창조하는 것은 연극에 있어서 가장 큰 난제 중 하나입니다.

2. 연극 감독들은 어떻게 관객들이 지금 극장 의자에 앉아 무대 위의 배우들을 보고 있다는 것을 잊게 할까요?

3. 감독들은 빛, 의상, 소품, 소리 그리고 무대세트를 사용하여 관객들을 놀라게 합니다.

4. 이 기술적인 부분들은 연출기법이라고 불리며 이 연극의 연출기법은 영화에서의 특수효과에 해당됩니다.

1. Creating the ________ _____ _________ is one of the great challenges of theater.

2. How do theater directors _______ ______ _________ _________ they're actually sitting in a theater watching actors on a stage?

3. Directors use lights, costumes, props, sounds, and ______ _____ _________ audiences.

4. These technical parts _____ ________ "stagecraft," and they are to plays what ________ _________ are to films.

Tips

illusion of reality 현실감
amaze ~을 놀라게 하다
sets 무대 세트
special effect 특수 효과

MP3 #23

2 In ancient Greek theater, large paintings of mountains or oceans were hung behind the stage to show different settings. Invisible trapdoors were built into the floor of the stage. When a trapdoor opened and an actor fell through, it looked to the audience as if the actor had disappeared. Both methods are still in use today.

고대 그리스 극장에서는 다양한 배경을 보여주기 위해 산이나 바다를 그린 큰 그림들을 무대 뒤에 걸었습니다. 또한 눈에 안 보이는 작은 문들을 무대 바닥에 설치했습니다. 문이 열리고 배우가 그 속으로 들어가면 관객들은 마치 배우가 사라진 느낌을 받습니다. 이 두 가지 방법들은 오늘날까지도 여전히 사용되고 있습니다.

words & phrases

painting[péintiŋ] 그림
ocean[óuʃən] 바다, 대양
hung[hʌŋ] 걸다(hang)의 과거분사
setting[sétiŋ] 배경, 환경, 무대
invisible[invízəbl] 눈에 보이지 않는
trapdoor[trǽpdɔ̀:r] 치켜 올리는 뚜껑문
fell fall (떨어지다)의 과거형
as if 마치 ~인 것처럼
disappear[dìsəpíər] 사라지다
method[méθəd] 방법
in use 쓰이고 있는

[예문]

She speaks **as if** she were rich.
그녀는 마치 부자인 것처럼 이야기한다.
The treatment is widely **in use** today.
그 치료법이 오늘날 널리 사용되고 있다.

청크 독해 MP3 #24

In ancient Greek theater,/ large paintings of mountains or oceans / were hung /
고대 그리스 극장에서는 / 산이나 바다를 그린 큰 그림들이 / 걸렸다 /
behind the stage / to show different settings.//
무대 뒤에 / 다양한 배경을 보여주기 위해 .//
Invisible trapdoors / were built into the floor of the stage.//
눈에 안 보이는 작은 문들이 설치되었다 / 무대 바닥으로 통하는.//
When a trapdoor opened / and an actor fell through,/ it looked to the audience /
문이 열리고 / 배우가 그 속으로 들어가면,/ 관객들에게 보였다 /
as if the actor had disappeared./
마치 배우가 사라진 것처럼.//
Both methods / are still in use today.//
이 두 가지 방법들은/ 오늘날까지도 여전히 사용되고 있다.//

Listening & Speaking (듣기&말하기) Ⅰ

Step 1 스크립보지 말고 두 번 들어보세요.

In ancient Greek theater, large paintings of mountains or oceans were hung behind the stage to show different settings. Invisible trapdoors were built into the floor of the stage. When a trapdoor opened and an actor fell through, it looked to the audience as if the actor had disappeared. Both methods are still in use today.

Step 2 표시에서 끊어 읽어보세요.
(빨간색 표시는 강세 음절이고 진하게 표시된 단어들은 강하게 읽는 단어)

In **ancient Greek theater**,/ **large paintings** of **mountains**/ or **oceans**/ were **hung**/ behind the **stage**/ to **show different settings**.// **Invisible trapdoors** were **built**/ into the **floor** of the **stage**.// **When** a **trapdoor opened**/ and an **actor fell** through,/ it **looked** to the **audience** / as if the **actor** had disappeared.// Both **methods** are **still** / in use **today**.//

Step 3 한글 발음토

인 에인션(트) 그맄 ㅆ+띠어러,/ 라쥐 페인팅즈 어(브) 마운튼즈 / 오(우)션즈 / 워 헝 / 비하인(드) 더 스테이쥐 /투 쇼(우) 디ㅍ+훠런(트) 쌔딩즈.// 인뷔저블 추랩도 어즈 워 빌(트) / 인투 더 ㅍ+흘로(어) 어(브) 더 스테이쥐.//웬 어 추랩도(어) 오픈(드) / 앤 언 액터 ㅍ+휄 ㅆ+뜨루,/ 잍 뤀 투 디 어리언스 / 애즈이(ㅍ+흐) 디 액터 해(드) 디스어피어(드).// 보우(ㅆ+뜨) 매ㅆ+떠즈 아 스ㅌ+띠얼 / 인 유스 투데이.//

한글 발음토를 따라 읽을 때는 Step 2의 강세 음절 표시와 강하게 읽는 단어 표시를 참고해서 따라 발음해보세요 !!

Step 4 발음 팁

- painting[péintiŋ] – 미국인들 중에는 [페이닝]으로 발음하는 사람들이 많다는 데 유의하자.
- invisible[invízəbl]– [인비지블]로 발음하는 독자들이 많을 텐데, 그렇게 발음하면 어딘가 모르게 어색하게 들린다.
  본토발음에서는 강세가 없는 세 번째 모음 I를 [어]로 발음해줘야 한다.
- into the floor of the stage – 보다시피 전치사와 관사는 약하게 발음해야 한다.
- as if[əzíf] – 빠르게 읽을 때는 [애짚]같이 들리기 때문에 리스닝 초보자들은 놓치기 쉽다.
- had appeared – 밑줄 친 d와 ed는 거의 안 들릴 정도로 약하게 발음해야 한다.

Step 5 Useful Expressions

1. ancient 고대의

The Great Wall of China is one of the **ancient** wonders of the world.

만리장성은 고대 세계 불가사의 중 하나입니다.

2. stage 무대

I love performing on **stage**.

저는 무대에서 공연하는 것이 좋습니다.

3. disappear 사라지다

Are you saying Email will soon **disappear**?

당신은 이메일이 곧 사라질 거라고 말하는 겁니까?

4. in use 쓰이고 있는

There are a lot of machines not **in use** in the factory.

그 공장에는 낮잠 자고 있는 기계가 많다.

Step 6 Dialogs

1. large 큰

A : I'd like to have two bulgogi burgers.

B : Anything to drink?

A :Yes, two **large** cokes, please.

A : 불고기 버거 두 개 주세요.

B : 음료는 어떻게 하시겠어요?

A : 큰 컵으로 콜라 두 잔 주세요.

2. different 다른

A : Where do you live?

B : I live in Seoul, South Korea.

A : How **different** is the climate here compared with Seoul?

A : 어디 사세요?

B : 한국의 서울에 삽니다.

A : 서울과 비교해 볼 때 이곳의 날씨는 어떻게 다르지요?

3. look ....으로 보이다

A : How old are you?

B : I'm 49.

A : You are much older than you **look**.

A : 나이가 몇 살이죠?

B : 마흔 아홉입니다.

A : 보기보다 나이가 아주 많으시네요.

4. method 방법

A : What is the best **method** to improve listening ability?

B : Dictation is one of the best methods to improve your listening!

A : What are other methods?

A : 청취력을 늘리는 데 가장 좋은 방법이 뭐에요?

B : 받아쓰기가 청취력을 늘리는 가장 좋은 방법 중 하나에요.

A : 다른 방법들에는 뭐가 있나요?

MP3 #25

3 Theater owners in Shakespeare's time knew that audiences wanted to see the newest special effects. Shakespeare's Globe Theater was a leader in inventing new stagecraft. It had a trapdoor – called "Heaven's Gate"– in the stage roof. Actors playing angels or ghosts came through the door and "flew" around the stage with wires or ropes.

To enhance violent scenes, actors hid hot water bottles filled with animal's blood under their costumes. They'd break the bottles during sword-fighting scenes, making it appear that they had been stabbed.

셰익스피어 시대 극장주들은 관객들이 더욱 새로운 특수 효과들을 보고 싶어 한다는 것을 알았습니다. 셰익스피어의 글로브 극장은 새로운 연출기법을 발명하는 데 선두주자였습니다. "천국의 문"이라 불리는 문이 무대 지붕에 있었습니다. 배우들이 천사 또는 유령을 연기하면서 이 문으로 들어왔고 철사나 밧줄을 이용해 무대를 날아다녔습니다.

전투장면을 돋보이게 하기 위해서 배우들은 그들의 의상 속에 동물의 피를 채운 뜨거운 물병을 숨겼습니다. 칼싸움을 하는 장면 동안 그것을 터트려 칼에 찔린 것처럼 연출했습니다.

words & phrases

roof[ru:f] 지붕
ghost[goust] 유령
wire[waiər] 철사
rope[roup] 밧줄
enhance[inhǽns] 높이다, 강화하다, 늘리다, 개선하다
violent[váiələnt] 폭력적인
fill[fil] 채우다
sword fighting 칼싸움
appear[əpíər] ~으로 보이다
stab[stæb] (칼로) 찌르다

[예문]

We need to **enhance** working conditions in our company.
우리는 회사의 작업환경을 개선할 필요가 있다.

She **appeared** sad at the tearjerking movie.
그녀는 신파조의 영화를 보고 슬퍼하는 것처럼 보였다.

청크 독해 MP3 #26

Theater owners in Shakespeare's time / knew /
셰익스피어 시대 극장주들은 / 알았다 /

that audiences wanted to see / the newest special effects.//
관객들이 보고 싶어 한다는 것을 / 가장 새로운 특수 효과들을 .//

Shakespeare's Globe Theater was a leader / in inventing new stagecraft.//
셰익스피어의 글로브 극장은 선두주자였다 / 새로운 연출기법을 발명하는 데.//

It had a trapdoor / - called "Heaven's Gate"/ - in the stage roof.//
그것은 작은 문을 가졌다 / "천국의 문"이라 불리는 / 무대 지붕에.//

Actors playing angels or ghosts / came through the door /
천사 또는 유령을 연기하는 배우들은 / 이 문으로 들어왔고 /

and "flew" around the stage / with wires or ropes.//
무대를 날아다녔다 / 철사나 밧줄을 이용하여.//

To enhance violent scenes,/ actors hid hot water bottles /
전투장면을 돋보이게 하기 위해서 / 배우들은 뜨거운 물병을 숨겼다 /

filled with animal's blood / under their costumes.//
동물의 피가 가득 채워진 / 그들의 의상 속에.//

They'd break the bottles / during sword-fighting scenes,/
그들은 물병을 깨뜨렸다 / 칼싸움을 하는 장면 동안 /

making it appear / that they had been stabbed.//
보이게 하기 위해 / 그들이 칼에 찔린 것처럼//

MP3 #27

4 When the ability to record sound was invented in the late 1800s, theater directors quickly utilized recordings. French theater became famous for its terrifying sounds. Machine guns, horrible screams, and crazed laughter were played at loud volume. The audience felt trapped in some horrible nightmare.

1800년대 후반 녹음기술이 발명되자 연극 감독들은 녹음을 재빨리 이용했습니다. 프랑스 연극은 무시무시한 음향으로 유명했습니다. 기관총, 무서운 비명 그리고 미친 듯이 웃는 소리들이 크게 틀어졌습니다. 관객들은 무서운 악몽을 꾸고 있는 것 같은 느낌을 받았습니다.

words & phrases

ability[əbíləti] 능력
utilize[jú:təlàiz] 활용하다
terrifying[térəfàiŋ] 무시무시한
machine gun 기관총
horrible scream 끔찍한 비명소리
crazed[kreizd] 발광하는, 날뛰는
laughter[lǽftər] 웃음, 웃음소리
loud[laud] 소리가 큰
volume[vɑ́lju:m] 음량
trapped 함정에 빠진, 갇힌
nightmare[náitmɛər] 악몽

[예문]

He had a **terrifying** dream last night.
그는 지난밤 무시무시한 꿈을 꾸었다.

Some passengers are still **trapped** in the wreckage from the plane.
몇몇 승객들이 아직까지 비행기 잔해 속에 갇혀 있다.

청크 독해 MP3 #28

When the ability to record sound was invented / in the late 1800s,/
녹음기술이 발명되자 / 1800년대 후반에 /

theater directors quickly utilized recordings.//
연극 감독들은 녹음을 재빨리 이용했다 .//

French theater became famous / for its terrifying sounds.//
프랑스 연극은 유명했다 /무시무시한 음향으로.//

Machine guns, horrible screams, and crazed laughter / were played / at loud volume.//
기관총, 무서운 비명 그리고 미친 듯이 웃는 소리들이 / 틀어졌다 / 크게.//

The audience felt trapped / in some horrible nightmare.//
관객들은 빠진 느낌이 들었다 / 무시무시한 악몽에.//

Writing Practice (쓰기 연습) 2

Step 1

1. 셰익스피어 시대 극장주들은 관객들이 더욱 새로운 특수 효과들을 보고 싶어 한다는 것을 알았습니다.

   Theater owners in Shakespeare's _____ knew that audiences wanted to see the _________ special effects.

   • time 시대 • newest 최신의

2. 셰익스피어의 글로브 극장은 새로운 연출기법을 발명하는 데 선두주자였습니다.

   Shakespeare's Globe Theater was ___ _______ ____ inventing new stagecraft.

   • a leader in ~에 선두주자

3. "천국의 문"이라 불리는 문이 무대 지붕에 있었습니다.

   It had a trapdoor – called "Heaven's Gate"– in the _______ _______.

   • stage roof 무대 지붕

4. 배우들이 천사 또는 유령을 연기하면서 이 문으로 들어왔고 철사나 밧줄을 이용해 무대를 날아다녔습니다.

   Actors playing angels or ghosts came ________ _____ ______ and "flew" around the stage with wires or ropes.

   • through the door 문을 통해서

5. 전투장면을 돋보이게 하기 위해서 배우들은 그들의 의상 속에 동물의 피를 채운 뜨거운 물병을 숨겼습니다.

   To enhance violent scenes, actors _____ hot water bottles ______ _____ animal's blood under their costumes.

   • hid 숨겼다 • filled with ~로 채워진

6. 칼싸움을 하는 장면 동안 그것을 터트려 칼에 찔린 것처럼 연출했습니다.

They'd break the bottles during ____________ scenes, making it appear that they had been ________.

• swordfighting 칼싸움 • stabbed 찌르다(stab)의 과거(분사)

Step 2

1. 1800년대 후반 녹음기술이 발명되자 연극 감독들은 녹음을 재빨리 이용했습니다.
2. 프랑스 연극은 무시무시한 음향으로 유명했습니다.
3. 기관총, 무서운 비명 그리고 미친 듯이 웃는 소리들이 크게 틀어졌습니다.
4. 관객들은 무시무시한 악몽을 꾸고 있는 것 같은 느낌을 받았습니다.

1. When the ________ ____ ________ sound was invented in the late 1800s, theater directors quickly __________ recordings.

2. French theater became _________ ______ its terrifying sounds.

3. Machine guns, horrible screams, and ________ _________ were played at _______ _________.

4. The audience felt _________ in some _________ ___________.

Tips

ability 능력
utilize 활용하다
crazed 발광하는, 날뛰는
loud 소리가 큰
trapped 함정에 빠진
nightmare 악몽
record 녹음하다
terrifying 무시무시한
laughter 웃음, 웃음소리
volume 음량
horrible 끔찍한

Unit 4

Second Verse, Same as the First

• 두 번째도, 처음처럼 똑같다 •

MP3 #29

1 Writer Jude Deveraux said, "There are no new stories, only new ways of telling them." Authors and playwrights have re-used stories about love, hate, revenge, and disappointment since the dawn of time. Shakespeare's Romeo and Juliet is one of the best known plays of all time, yet it's actually a retelling of a tale from 2000 years ago.

작가 주드 데브루는 "새로운 이야기는 없다. 이야기들을 전하는 새로운 방법만이 있다"라고 말했습니다. 작가와 극작가들은 태초부터 사랑, 증오, 복수 그리고 실망에 관한 이야기들을 재사용해 왔습니다. 셰익스피어의 로미오와 줄리엣은 역사상 가장 잘 알려진 극이기도 하지만 사실, 이 이야기는 2천 년 전 이야기를 다시 만든 것입니다.

words & phrases

playwright 극작가
hate[heit] 증오
revenge[rivénd3] 복수
disappointment[dìsəpɔ́intmənt] 실망
since the dawn of time 천지개벽 이래로, 인류가 시작될 때부터
tale[teil] 이야기(= story)

[예문]

It was a grave **disappointment** that he failed in the entrance examination.
그가 입학시험에 낙방한 것은 대실망이었다.

Since the down of time, there have been deaths and diseases of human beings.
인류가 시작될 때부터 인간의 죽음과 질병은 있어왔다.

청크 독해 MP3 #30

Writer Jude Deveraux said,/ "There are no new stories,/ only new ways of telling them.".//
작가 주드 데브루는 말했다 / "새로운 이야기는 없다 / 이야기들을 전하는 새로운 방법만이 있다"라고.//

Authors and playwrites / have re-used stories /
작가와 극작가들은 / 이야기들을 재사용했다 /

about love, hate, revenge, and disappointment / since the dawn of time.//
사랑, 증오, 복수 그리고 실망에 관한 / 태초부터.//

Shakespeare's Romeo and Juliet / is one of the best known plays / of all time,/
셰익스피어의 로미오와 줄리엣은/ 가장 잘 알려진 극 중 하나이다 / 역사상./

yet / it's actually a retelling / of a tale from 2000 years ago.//
그러나 / 그것은 사실 개작이다/ 2천 년 전 이야기의.//

Listening & Speaking (듣기&말하기) Ⅰ

Step 1 스크립보지 말고 두 번 들어보세요.

Writer Jude Deveraux said, "There are no new stories, only new ways of telling them." Authors and playwrites have re-used stories about love, hate, revenge, and disappointment since the dawn of time. Shakespeare's Romeo and Juliet is one of the best known plays of all time, yet it's actually a retelling of a tale from 2000 years ago.

Step 2 표시에서 끊어 읽어보세요.
(빨간색 표시는 강세 음절이고 진하게 표시된 단어들은 강하게 읽는 단어)

Writer Jude Deveraux said,/ "There are **no new stories**,/ **only new ways** / of **telling** them."// Authors and **playwrites** / have **re-used stories** / about **love**,/ **hate**,/ **revenge**,/ and **disappointment** / **since** the **dawn** of **time**.// **Shakespeare's Romeo and Juliet** / is **one** of the **best known plays** / of **all time**,/ **yet** / it's **actually** a **retelling** / of a **tale** / from 2000 years ago.//

Step 3 한글 발음토

롸이러 주드 데브루 쌘,/ 데(어) 아 노 뉴 스ㅌ+또리즈,/ 오운리 뉴 웨이즈 / 어(브) 탤링 뎀. "/ 어ㅆ+떠즈 앤 플레이롸잍스 / 해(브) 뤼유즈(드) 스ㅌ+또리즈 / (어)바웉 러브,/ 헤잍,/ 뤼뱬쥐,/ 앤 디스어포인먼(트) / 씬스 더 돈 어(브) 타임.// 쉐익스피어스 로미오 앤 줄리엣 / 이즈 완 어(브) 더 배스(트) 노운 플레이즈 / 어(브)올 타임,/ 옐 / 잍스 액츄얼리 / 어(브) 어 테일 / ㅍ+흐럼 투 ㅆ+따우전즈 어고(우).//

한글 발음토를 따라 읽을 때는 Step 2의 강세 음절 표시와 강하게 읽는 단어 표시를 참고해서 따라 발음해보세요!!

Step 4 발음 팁

• Jude Deveraux – 고유명사 발음은 원어민들도 정확히 발음하지 못할 때가 많으니까 어떻게 발음할지 자신이 없다 하더라도 크게 신경 쓸 필요가 없다.

• have reused – 완료형을 만드는 조동사 have는 reused에 비해 상대적으로 약하게 발음해야 한다.

• disappointment[dìsəpɔ́intmənt] – [디스어포인트먼트]라고 발음하기 쉬운데 자음 세 개가 몰려 있는 ntm에서 가운데 자음 t는 거의 발음을 죽이고 [디스어포인먼(트)]처럼 발음해야 한다.

• dawn[dɔːn] – 정확히 발음하자면 [돈]과 [던]의 중간 발음 정도이다.

• it's[its] – [이츠]도 아니고, [이쯔]도 아니고 [잍쓰]로 발음해야 한다.

Step 5 Useful Expressions

1. author 저자, 작가

Written by British **author** Neil Gaiman, "Coraline" received many literary awards.

영국 작가인 닐 게이먼이 쓴 '코랄린'은 많은 문학상을 수상했다.

2. hate 미움

For centuries, South Korea has had a love-**hate** relationship with Japan.

수 세기 동안 한국은 일본과 애증관계를 이루어 왔다.

3. revenge 복수

I don't care about anything but **revenge**.

난 복수 외엔 관심이 없어.

4. disappointment 실망

He'll soon get over his **disappointment** and get back to his job.

그는 곧 실망감을 털고 일자리로 복귀할 것입니다.

5. tale 이야기

Old **tales** tell us that the ocean bed is full of treasures.

옛날 이야기에 의하면 바다 밑바닥은 보물로 가득하다.

Step 6 Dialogs

1. new 새로운

A : I'd like you to visit my **new** office in Mokdong.

B : Sounds good.

A : Yeah, I know you live in Mokdong.

A : 목동에 있는 내 새 사무실 방문해줘.

B : 잘됐네.

A : 그래. 난 네가 목동에 사는 것 알아.

2. way 방법

A : Is there any **way** I can contact you later?

B : Here is my business card.

A : Thank you very much. I will send text messages tonight.

A : 나중에 연락할 수 없을까요?

B : 제 명함입니다.

A : 너무 고마워요. 오늘 밤 문자 메시지 보낼게요.

3. since 이후, 이래로

A : I am glad to see you again.

B : Me, too. It's been almost 3 years **since** we last met in Gangnam.

A : Yeah! How fast time flies!

A : 아, 다시 만나니 정말 반갑군!

B : 나도 그래. 우리가 강남에서 마지막으로 만난게 벌써 3년 가까이 됐네...

A : 그래, 참 세월 빠르구만!

4. actually 사실은

A : Tom, where is Britta?

B : **Actually** we broke up yesterday.

A : Really?

A : 탐, 브리타 어디 있어?

B : 사실은 우리 어제 헤어졌어.

A : 정말이니?

MP3 #31

2 The Roman poet Ovid wrote the story of Pyramus and Thisbe, teenage neighbors whose apartments share a wall. They fall in love by whispering to each other through a crack in the wall, but are forbidden by their parents to marry. They arrange to meet underneath a tree to share their feelings, but when Pyramus arrives he finds a lion. Wrongly assuming that the lion has eaten Thisbe, Pyramus falls on his sword and kills himself.

로마의 시인 오비디우스는 한 벽을 공유하는 아파트에서 이웃이었던 십대 퓌라모스와 티스베의 이야기를 썼습니다. 그들은 벽사이 틈으로 서로 속삭이면서 사랑에 빠졌으나 그들 부모의 반대로 결혼할 수 없었습니다. 그들은 그런 기분을 함께하기 위해 나무 아래에서 만나기로 했지만 퓌라모스가 도착했을 때 한 사자를 발견하였습니다. 티스베가 사자에게 잡아먹혔다고 잘못 생각한 퓌라모스는 칼로 자결했습니다.

words & phrases

neighbor[néibər] 이웃
share[ʃɛər] 공유하다
fall in love 사랑에 빠지다
whisper[hwíspər] 속삭이다
crack[kræk] 작은 틈새, 금
forbid[fərbíd] 금지하다
marry[mǽri] 결혼하다
arrange[əréindʒ]준비하다, 마련하다, 정돈하다
underneath[ʌndərníːθ] ~의 아래에
wrongly[rɔ́ːŋli] 잘못되게, 틀리게
fall on one's sword 칼로 자결하다

[예문]

The prince **fell in love** with her at first sight.
그 왕자는 첫눈에 그녀와 사랑에 빠졌다.

He lay down **underneath** a tree.
그는 나무 아래 드러누웠다.

청크 독해 MP3 #32

The Roman poet Ovid / wrote the story of Pyramus and Thisbe, teenage neighbors /
로마의 시인 오비디우스는 / 십대 이웃 퓌라모스와 티스베의 이야기를 썼다 /
whose apartments share a wall.//
한 벽을 공유한 아파트를 사용하는.//
They fall in love / by whispering to each other / through a crack in the wall,/
그들은 사랑에 빠진다 / 서로에게 속삭이면서 / 벽사이 틈으로,/
but are forbidden / by their parents / to marry.//
그러나 금지된다 / 그들의 부모에 의해 / 결혼이.//
They arrange to meet / underneath a tree / to share their feelings,/
그들은 만나기로 계획한다 /나무 아래에서 / 그들의 그런 기분을 함께 하려고/
but when Pyramus arrives / he finds a lion.//
그러나 퓌라모스가 도착할 때 / 그는 한 사자를 발견한다.//
Wrongly assuming / that the lion has eaten Thisbe,/ Pyramus falls on his sword / and kills himself.//
잘못 생각한 / 티스베가 사자에게 잡아먹혔다고/퓌라모스는 자신의 칼로 / 자살한다.//

MP3 #33

3 Romeo and Juliet is also about a pair of lovers who cannot be together. Romeo and Juliet's families have hated each other for centuries. Just like in Pyramus and Thisbe, Romeo and Juliet must arrange meet secretly. When Romeo arrives he finds Juliet in a deep sleep that he mistakes for death. Overcome with sorrow, he stabs himself. When she wakes and finds Romeo dead, she also kills herself by drinking poison.

로마오와 줄리엣 또한 서로 함께 하지 못하는 두 연인에 관한 이야기입니다. 로미오와 줄리엣 가족은 수백 년 동안 서로의 가문을 증오하였습니다. 퓌라모스와 티스베의 이야기처럼 로미오와 줄리엣도 비밀스럽게 만나야 합니다. 로미오가 도착했을 때 줄리엣은 깊은 잠에 빠져있었지만 로미오는 줄리엣이 죽었다고 착각하고 맙니다. 슬픔에 잠겨 자신을 찌르고 맙니다. 줄리엣이 깨어난 후 죽은 로미오를 발견하고 그녀 또한 독약을 마시고 자살합니다.

words & phrases

lover[lʌvər] 연인
secretly[síːkrətli] 몰래
mistake A for B A를 B라고 오인[착각]하다
death[deθ] 죽음, 사망
overcome with sorrow 슬픔에 잠겨
stab[stæb] 찌르다
poison[pɔ́izn] 독약

[예문]

I often **mistake** her **for** my mother.
나는 종종 그녀를 나의 엄마로 착각한다.

Because of her husband's death, she was **overcome with sorrow**.
남편의 사망으로, 그녀는 슬픔에 잠겼다.

청크 독해 MP3 #34

Romeo and Juliet is also about a pair of lovers / who cannot be together.//
로미오와 줄리엣 또한 두 연인에 관한 이야기이다 / 서로 함께 할 수 없는.//

Romeo and Juliet's families / have hated each other / for centuries.//
로미오와 줄리엣 가족은 / 서로의 가문을 증오해왔다/ 수 세기 동안.//

Just like in Pyramus and Thisbe,/ Romeo and Juliet / must arrange meet secretly.//
퓌라모스와 티스베의 이야기처럼 / 로미오와 줄리엣은 / 비밀스럽게 만나는 것을 계획해야 한다.//

When Romeo arrives / he finds Juliet in a deep sleep / that he mistakes / for death.//
로미오가 도착할 때,/ 그는 줄리엣이 깊은 잠에 빠져 있는 것을 발견하는데 / 그는 이것을 착각한다 / (줄리엣이) 죽은 것으로.//

Overcome with sorrow,/ he stabs himself.//
슬픔에 잠겨,/ 그는 자신을 찌른다.//

When she wakes / and finds Romeo dead,/ she also kills herself / by drinking poison.//
줄리엣이 깨어난 후 / 죽은 로미오를 발견하고 / 그녀 또한 자살한다 / 독약을 마시고.//

Writing Practice (쓰기 연습) Ⅰ

Step 1

1. 로마의 시인 오비디우스는 한 벽을 공유하는 아파트에서 이웃이었던 십대 퓌라모스와 티스베의 이야기를 썼습니다.

The Roman poet Ovid wrote the story of Pyramus and Thisbe, teenage neighbors whose apartments _______ ____ _____.

• share a wall 벽을 공유하다

2. 그들은 벽사이 틈으로 서로 속삭이면서 사랑에 빠졌으나 그들 부모의 반대로 결혼할 수 없었습니다.

They ______ ______ ______ by whispering to each other through a _______ in the wall, but are forbidden by their parents to marry.

• fall in love 사랑에 빠지다 • crack 틈

3. 그들은 그런 기분을 함께 하려고 나무 아래에서 만나기로 했지만 퓌라모스가 도착했을 때 한 사자를 발견하였습니다.

They arrange to ______ ___________ _____ ______ to share their feelings, but when Pyramus arrives he finds a lion.

• meet underneath a tree 나무 아래에서 만나다

4. 티스베가 사자에게 잡아먹혔다고 잘못 생각한 퓌라모스는 칼로 자결했습니다.

Wrongly ________ that the lion has eaten Thisbe, Pyramus _____ ____ _____ _______ and kills himself.

• assuming 생각한, 추정한 • fall on one's sword 칼로 자결하다

Step 2

1. 로미오와 줄리엣 또한 서로 함께 하지 못하는 두 연인에 관한 이야기입니다.
2. 로미오와 줄리엣 가족은 수백 년 동안 서로의 가문을 증오하였습니다.
3. 퓌라모스와 티스베의 이야기처럼 로미오와 줄리엣도 비밀스럽게 만나야 합니다.
4. 로미오가 도착했을 때 줄리엣은 깊은 잠에 빠져있었지만 로미오는 줄리엣이 죽었다고 착각하고 맙니다.
5. 슬픔에 잠겨 자신을 찌르고 맙니다.
6. 줄리엣이 깨어난 후 죽은 로미오를 발견하고 그녀 또한 독약을 마시고 자살합니다.

1. Romeo and Juliet is also about ____ ______ ____ _______ who cannot be together.
2. Romeo and Juliet's families have hated each other ____ _________.
3. _____ _______ in Pyramus and Thisbe, Romeo and Juliet must arrange meet _________.
4. When Romeo arrives he finds Juliet in a _____ _____ that he ________ _____ death.
5. ____________ ______ _________, he stabs himself. When she wakes and finds Romeo dead, she also kills herself _____ _________ ________.

Tips

a pair 한 짝(쌍)
for centuries 수세기 동안
deep sleep 깊은 잠
death 죽음, 사망
poison 독약
lover 연인
secretly 몰래
mistake for ~을 ~라고 오인하다(잘못 생각하다)
overcome with sorrow 슬픔에 잠겨

MP3 #35

4 Romeo and Juliet itself has been retold many times! West Side Story is an American musical about New York gangs that hate each other. Created in 2006, Disney's popular High School Musical borrows from Romeo and Juliet's plot, with sports jock Troy as Romeo and bookworm Gabriela as Juliet. Also in 2006, the Korean director Oh Tae-Suk adapted Romeo and Juliet into a musical about the fighting between the North and the South.

While all of these plays were written by different cultures, in different languages and in different times, each one tells basically the same story. What do you think this tells us about human nature?

로미오와 줄리엣 이야기도 수없이 개작 되었습니다. 웨스트 사이드 스토리는 서로 증오하는 뉴욕 범죄조직을 다룬 미국 뮤지컬입니다. 2006년도에 만들어진 디즈니의 하이 스쿨 뮤지컬은 운동을 좋아하는 트로이와 책벌레 가브리엘라의 이야기도 로미오와 줄리엣의 구성을 따온 것입니다. 또한 2006년 한국인 오태석 감독도 로미오와 줄리엣의 이야기를 북한과 남한의 전쟁을 다룬 뮤지컬로 각색하였습니다.

이 모든 연극들이 다른 문화, 다른 언어 그리고 다른 시대에 쓰여졌지만 각각의 이야기들은 근본적으로 같은 이야기입니다. 여러분은 이것이 우리에게 말해주는 인간본성에 대해서 어떻게 생각하시나요?

words & phrases

gang[gæŋ] 갱, 폭력단
jock[dʒak] 운동을 좋아하는(잘하는) 사람
plot[plat] 줄거리, 구성, 음모
human nature 인간의 본성

[예문]

The novel is good in terms of **plot**.
그 소설은 구성면에 있어서 좋다.

Mensius claimed human nature was naturally good, but later another chinese thinker claimed **human nature** was basically bad.
맹자는 인간의 본성이 선하다고 주장했으나 후에 다른 한 중국의 사상가는 인간의 본성은 근본적으로 악하다고 주장했다.

청크 독해 MP3 #36

Romeo and Juliet itself / has been retold / many times!//
로미오와 줄리엣 자체는 / 개작되었다 / 수없이.//

West Side Story is an American musical / about New York gangs / that hate each other.//
웨스트 사이드 스토리는 미국 뮤지컬이다 / 뉴욕 범죄 조직을 다룬 / 서로 증오하는.//

Created in 2006,/ Disney's popular High School Musical / borrows from Romeo and Juliet's plot,/
2006년도에 만들어진 / 디즈니의 인기작인 하이 스쿨 뮤지컬은 / 로미오와 줄리엣의 구성을 차용한 것이다 /

with sports jock Troy as Romeo / and bookworm Gabriela as Juliet.//
운동을 좋아하는 트로이가 로미오이고 / 그리고 책벌레 가브리엘라가 줄리엣인.//

Also in 2006,/ the Korean director Oh Tae-Suk / adapted Romeo and Juliet /
또한 2006년/ 한국인 오태석 감독이 / 로미오와 줄리엣의 이야기를 각색했다 /

into a musical/ about the fighting / between the North and the South.//
뮤지컬로/ 전쟁을 다룬/ 남북 간에.//

While all of these plays were written / by different cultures, in different languages/
이 모든 연극들이 쓰여졌지만 / 다른 문화, 다른 언어/

and in different times,/ each one tells basically the same story.//
그리고 다른 시대에,/ 각각의 이야기들은 근본적으로 같은 이야기이다.//

What do you think / this tells us / about human nature?//
여러분은 어떻게 생각하는가? / 이것이 우리에게 말해주는 / 인간본성에 대해서.//

Listening & Speaking (듣기&말하기) 2

Step 1 스크립보지 말고 두 번 들어보세요.

Romeo and Juliet itself has been retold many times! West Side Story is an American musical about New York gangs that hate each other. Created in 2006, Disney's popular High School Musical borrows from Romeo and Juliet's plot, with sports jock Troy as Romeo and bookworm Gabriela as Juliet. Also in 2006, the Korean director Oh Tae-Suk adapted Romeo and Juliet into a musical about the fighting between the North and the South.

While all of these plays were written by different cultures, in different languages and in different times, each one tells basically the same story. What do you think this tells us about human nature?

Step 2 표시에서 끊어 읽어보세요.

(빨간색 표시는 강세 음절이고 진하게 표시된 단어들은 강하게 읽는 단어)

Romeo and Juliet itself / has been **retold** / **many times!**// **West Side Story** / is an **American musical** / about **New York gangs** / that **hate each other.**// **Created** in **2006**,/ **Disney's popular High School Musical borrows** / from **Romeo** and **Juliet's plot**,/ with **sports jock Troy** / as **Romeo** / and **bookworm Gabriela** / as **Juliet**.// **Also** in **2006**,/ the **Korean director Oh Tae-Suk** / **adapted Romeo** and **Juliet** / into a **musical** / about the **fighting** / between the **North** and the **South**.//

While all of **these plays** were **written** / by **different cultures**,/ in **different languages** / and in **different times**,/ **each one tells basically** the **same story**.// **What** do you **think** / **this tells** us / about **human nature?**//

Step 3 한글 발음토

로미오 앤 줄리엩 읻쌜(ㅍ+흐) / 해즈 빈 뤼토울(드) / 매니 타임즈!// 웨스(트) 싸이(드) 스ㅌ+또리 / 이즈 언어매리컨 뮤지컬 / (어)바웉 뉴욕 갱즈 / 댙 헤읻 이취 아더.// 크리에이릳 인 투 ㅆ+따우전 씩스,/ 디즈니스 파퓰러 하이 스쿨 뮤지컬 바로(우)즈 / ㅍ+흐럼 로미오 앤 줄리엩스 플랕,/ 윈 스포츠 작 추로이 / 애즈 로미오 / 앤 북웜 개브리엘라 / 애즈 줄리엩.// 올 쏘(우) 인 투 ㅆ+따우전 씩스,/ 더 코리언 디렉터 오 태석 / 어댚틷로미오 앤 줄리엩 / 인투 어 뮤지컬 / (어)바웉 더 ㅍ+화이딩 / 비트윈 더 노ㅆ+뜨 앤 더싸우(ㅆ+뜨).//
와일 올 어(브) 디즈 플레이즈 워 뤹.은 / 바이 디ㅍ+훠런(트) 컬처즈,/ 인 디ㅍ+훠런(트) 랭귀지즈 / 앤 인 디ㅍ+훠런(트) 타임즈,/ 이취 완 탤즈 베이식컬리 더 쎄임 스ㅌ+또리.// 왙 두 유 ㅆ+띵(크) / 디스 탤저스 / (어)바웉 휴먼 네이처?//

한글 발음토를 따라 읽을 때는 Step 2의 강세 음절 표시와 강하게 읽는 단어 표시를 참고해서 따라 발음해보세요!!

Step 4 발음 팁

- West Side – 들을 때 [웨 싸읻]정도로 들린다. West의 st는 거의 발음하지 않는 것같이 들린다는 말이다.
- borrow[bɑ́rou] – 미국인들은 대체로 [바로(우)]로 발음하고 영국인들은 대개 [보로(우)]로 발음한다.
- about[əbáut] – 자주 나오는 단어인데, 첫 모음이 약화되어 마치 bout만 발음하는 것 같은 느낌을 받게 된다.
- basically[béisikəli] – [베이직컬리]로 발음하는 사람들이 많은 것 같다. 그 발음은 콩글리쉬이니까 앞으로는 [베이식컬리]로 발음하자.
- tell us – 두 단어가 연음되어 [탤저스]로 발음된다.

Step 5 Useful Expressions

1. gang 폭력조직, 한 패, 한 무리

He was also in a **gang** when he was young.

그 역시 어렸을 적에 폭력조직원이었다.

2. bookworm 책벌레

She must have been a **bookworm** in her school days.

그녀는 학생 때 책벌레였음이 틀림없어요.

3. adapt 개작하다, 각색하다

This book has also recently been **adapted** into a film starring Nicole Kidman.

이 책은 또한 니콜 키드만이 출연하는 영화로도 최근에 각색이 되었다.

4. basically 기본적으로, 근본적으로

I **basically** don't like a person who talks behind someone's back.

저는 기본적으로 등 뒤에서 남의 이야기를 하는 사람을 안 좋아합니다.

5. human nature 인간의 본성, 인성

Perhaps it is **human nature** to want to be famous.

유명해지고 싶은 것은 아마도 인간의 본성일 것이다.

Step 6 Dialogs

1. each other 서로

A : How did you meet **each other**?

B : We met at a party.

A : What kind of party?

A : 두 분은 어떻게 만나게 되었어요?

B : 저희는 파티에서 만났어요.

A : 어떤 파티였는데요?

2. borrow 빌리다

A : Can I **borrow** some money?

B : Again? You always spend money like water.

A : Money will come and go.

A : 돈 좀 빌려줄래?

B : 또 말이야? 너는 항상 돈을 물 쓰듯 하는구나.

A :돈이란 돌고 도는 것이라네.

3. tell 말하다, 알리다

A : **Tell** me about your major.

B : I studied politics.

A : And what is your minor?

A : 전공을 말해보세요.

B : 정치학을 공부했습니다.

A : 부전공은요?

4. think 생각하다

A : What do you **think** of our TV programs?

B : Well, they are terrible.

A : What do you think so?

A : 우리 TV 프로그램 어떻게 생각해?

B : 끔찍해요.

A : 왜 그렇게 생각하세요?

• Exercise •

Q1-2 Read the following passage and answer the questions below.

Miming is acting without the use of words or props. Mimes use large, visible body movements to silently show action. The best mimes make empty air seem like objects with real size and weight! Air guitar playing, shown here, is the type of miming that is popular outside of theater.

To practice miming, play charades. You need a partner and a dictionary. Flip the dictionary to a random word, but don't let your partner see it! Over the next minute, use silent clues to help your partner guess the word. You can also find another team and __________ against them.

Q1. Correct the error in the underlined sentence.

Q2. Choose the best answer for the blank.

1) argue 2) lean 3) compete 4) attack

Q3-4

Read the following passage and answer the questions below.

Film actors benefit from close-up shots that show each detail of their faces, yet play actors have to exaggerate their expressions to be seen from a distance. (A)_________ actions like laughing and crying can look and sound similar, actors also must practice to be clear with their emotions.

Practice exaggerating by placing a mirror on the other side of your bedroom. (B)_______ staring at the mirror, use nothing by your face to express the following emotions: happiness, fear, sadness. Then, try more complex emotions like confusion, mischievousness, or ennui.

Q3. What are the best words for the blanks (A) and (B)?

	(A)	(B)
1)	Yet	While
2)	As	When
3)	Because	While
4)	Since	When

Q4. Complete the definition of the underlined 'ennui'.

Ennui is the feeling of being b______ by something tedious.

Q5

Read the following passage and answer the questions below.

Actors must also make their voices "larger than life." In ancient times, actors had to be heard from the back rows of theaters without microphones! Even with microphones, actors must speak with extra (purity, clarity) so that their words don't get jumbled as they echo in the theater.

Practicing projection and clarity is fun. To do so, get a writing pen and put it in your mouth. Then, turn on your favorite song — make sure it's loud! If you can speak clearly even though the music is blasting and you have a pen in your mouth, then you'll have no problem speaking with no pen and no music.

Q5. Circle the correct one in parenthesis.

Q6-7

Read the following passage and answer the questions below.

When we improvise, we ______________________ as we're doing them. Though most plays have scripts, all actors must learn to improvise. This skills helps them do well even when things go wrong on stage. The best actors make it seem like their improvisations are part of the script!

(A) Put the strips in piles and shuffle them. Now, have each friend pick one strip from each pile. Use improvisation to "act out" your picks.

(B) For example, if you draw "Jonghyun hunting on the moon" then you'll have to sing, mime a gun, and bounce around like you're floating! Come up with the silliest people, actions, and places you can.

(C) To play a fun "improv" game, gather friends and give everyone three strips of paper. On each strip, write the names of a person (such as a circus midget, or Jonghyun of Shinee), an action (hunting, tying shoes), or a place (a baseball game, the moon).

Q6. What is the best sequence for (A), (B), and (C)?

1) (A) - (B) - (C)
2) (B) - (A) - (C)
3) (B) - (C) - (A)
4) (C) - (A) - (B)

Q7. Which is the best expression for the blank?

1) create things immediately
2) make things up
3) come up with it
4) take care of ourselves

Q8-9

Read the following passage and answer the questions below.

> If you're _________ out with actors before a play, you might hear them saying a strange phrase to each other: "break a leg!" Why, you'd wonder, are the actors telling each other to injure themselves?
>
> (1) Actors believe that it's bad luck to say "good luck" before a performance, so they say "break a leg" instead! (2) If that's true, then expecting a broken leg protects actors from getting hurt on stage!
>
> There are many other theatrical superstitions. (3) It's considered bad luck to finish a play with no audience, so some actors never say the final line of a play in practice. Others won't say "Macbeth," because they believe that Shakespeare's play Macbeth is cursed. (4) Oddly enough, it's even considered bad luck to have a good dress rehearsal!

Q8. Where does the following sentence best fit?

[The reason for the superstition is the idea that accidents happen when we're not expecting them.]

Q9. Find the words from the word box and fill in the blank.

[running, going, working, hanging]

Q10-11 Read the following passage and answer the question below.

> Theater is among the oldest and most artistic forms of storytelling. It has been written and performed for thousands of years, in cultures around the world.
>
> Thespis, from Ancient Greece, is often called "the world first actor." Before Thespis, people told stories in theaters. According to Aristotle, however, Thespis was the first person to pretend to be the characters in the stories. He used masks to change between characters. Today, we call actors thespians ______________ him.
>
> The first known form of Asian theater, called Sanskrit Theater, began in India. Indians believed that theater was a gift from the gods, and they created specific rules about make up, costumes, and the way stages were built.

Q10. Rewrite the underlined sentence to form a correct sentence.

Q11. Choose the best expression for the blank.

1) in honor of
2) on behalf of
3) in cooperation with
4) in support of

Q12-13

Read the passage and answer the questions below.

> Passion Plays were 1)popular during the Medieval Period in Europe (415-1492). Passion plays are 2)religious plays that show the last days of the life of Jesus Christ. Passion Plays were as 'gruesome' as possible.
>
> Britain's William Shakespeare (1564-1616) is the most famous playwright of all time. His plays helped 3)spread English throughout the world, and feature the first uses of thousands of now-common words 4)excluding "gloomy," "puking," "champion," and "skim milk."

Q12. Which of the following is closest in meaning to the word 'gruesome'?

1) depressed 2) miserable 3) grisly 4) desolate

Q13. Which of the underlined words is inappropriate

Q14-15

Read the passage and answer the question below.

> Opera was invented in Italy around the same time that Shakespeare was alive. Operas are stories that are entirely sung, and they're usually tragic. Many old operas are still performed today, including works by Mozart, Handel, and Verdi.

Musical theater, which became popular in America in the twentieth century, is like opera but with pop music instead of classical music. Instead of singing for the entire show, musical actors break into songs at certain points in the script. Often, musicals feature large dance numbers with lots of dancers. Broadway Street in New York is known as the capital of musical theater.

Q14. What is true according to the passage?

1) Shakespeare lived in Italy.
2) In general, operas are tragic.
3) England is famous for musical theater.
4) Broadway is located in the center of New York.

Q15. Complete the synonym of the underlined 'for'.

for the entire show = d_______ the entire show

Q16-17

Read the passage and answer the questions below.

Creating the illusion of reality is one of the great challenges of theater. How do theater directors make the audience forget it's actually sitting in a theater watching actors on a stage?

Directors use lights, costumes, props, sounds, and sets to amaze audiences. These technical parts are called "stagecraft," and they are to plays what special effects are to films.

In ancient Greek theater, large paintings of mountains or oceans were hung behind the stage to show different settings. Invisible trapdoors were built into the floor of the stage. When a trapdoor opened and an actor fell through, it looked _____ the audience as if the actor had disappeared.

Q16. Which is not true according to the passage?

1) Making the illusion of reality is one of the biggest problems of theater.
2) Props are used by directors to surprise spectators.
3) In the Medieval ages paintings of large forests and rivers were hung behind the stage.
4) Unseeable trapdoors were built on the stage.

Q17. Fill in the blank with a suitable preposition.

Q18-19

Read the passage and answer the questions below.

The Roman poet Ovid wrote the story of Pyramus and Thisbe, teenage neighbors whose apartments share a wall. They fall in love by whispering to each other through a crack in the wall, but are forbidden by their parents to marry. They arrange to meet underneath a tree to share their feelings, but when Pyramus arrives he finds a lion. Wrongly assumed that the lion has eaten Thisbe, Pyramus falls on his sword and kills himself.

Q18. Find the grammatical error in the underlined sentence and correct it.

Q19. What is the tone of the passage?

1) sympathetic 2) saddened 3) tense 4) somber

Q20-21 Read the passage and answer the questions below.

In ancient Greek theater, large paintings of mountains or oceans were hung behind the stage to show different settings. Invisible trapdoors were built into the floor of the stage. When a trapdoor opened and an actor fell through, it looked to the audience the actor had disappeared.
Both methods are still in use today.

Q20. Which of the following is closest in meaning to the underlined word, 'settings'?

1) setup 2) plots 3) background 4) narration

Q21. What is the best phrase for the blank?

1) because 2) as if 3) although 4) whereas

Q22-23 Read the passage and answer the questions below.

Theater owners in Shakespeare's time knew that audiences wanted to see the newest special effects. Shakespeare's Globe Theater was a leader in inventing new stagecraft. It had a trapdoor

–called "Heaven's Gate"– in the stage roof. Actors playing angels or ghosts came through the door and "flew" around the stage with wires or ropes.
To enhance violent scenes, actors hid hot water bottles filled with animal's blood under their costumes. They'd break the bottles during sword-fighting scenes, making it ______ that they had been stabbed.

Q22. Which of the following is closest in meaning to the underlined word, 'enhance'?

1) contribute 2) improve 3) increase 4) lift

Q23. What is the best form in the blank?

1) appearing 2) to appear 3) appeared 4) appear

Q24-25

Read the passage and answer the questions below.

Writer Jude Deveraux said, "There are no new stories, only new ways of telling them." Authors and playwrights have re-used stories about love, hate, revenge, and disappointment the dawn of time. Shakespeare's Romeo and Juliet is one of the best known plays of all time, yet it's actually a retelling of a tale from 2000 years ago.

Q 24. Which of the following is closest in meaning to the underlined word, 'revenge'?

1) reward 2) contribution 3) grudge 4) vengeance

Q25. Which is the best word for the blank?

1) due to 2) for 3) since 4) beneath

Q26-27

Read the passage and answer the questions below.

Romeo and Juliet is also about a pair of lovers who cannot be together. Romeo and Juliet's families have hated each other for centuries. Just like in Pyramus and Thisbe, Romeo and Juliet must arrange meet secretly. When Romeo arrives he finds Juliet in a deep sleep that he mistakes for death. Overcome with sorrow, he stabs himself. When she wakes and finds Romeo dead, she also kills herself by drinking poison.

Q26. Which of the following is closest in meaning to the underlined phrase 'mistake for'?

1) criticize ~ for
2) take ~ for
3) appopogize for ~
4) commend ~ for

Q27. What is the correct clause of the underlined expression, 'overcome with sorrow'?

1) though he is overcome with sorrow,
2) while he was overcome with sorrow,
3) as soon as he is overcome with sorrow,
4) because he is overcome with sorrow,

Q28-29

Read the passage and answer the questions below.

Romeo and Juliet itself has been retold many times! West Side Story is an American musical about New York gangs that hate each other. Created in 2006, Disney's popular High School Musical borrows from Romeo and Juliet's plot, with sports jock Troy as Romeo and bookworm Gabriela as Juliet. Also in 2006, the Korean director Oh Tae-Suk adapted Romeo and Juliet into a musical about the fighting between the North and the South.

While all of these plays were written by different cultures, in different languages and in different times, each one tells basically the same story. What do you think this tells us about human nature?

Q28. Which has nothing to do with 'bookworm'?

1) cockroach　　2) movie bug

3) workaholic　　4) photo maniac

Q29. Which of the following is closest in meaning to the underlined word, 'adapt'?

1) accommodate
2) adop
3) adjust
4) dramatize

문제 해석 및 해설

Q 1-2 다음의 글을 읽고 아래의 질문에 답하시오.

Q1 밑줄 친 문장에서 잘못된 것을 고치시오.

정답 ▶ the type → a type

Q2 빈칸에 가장 적절한 것은?

보기해석:

① 논쟁하다 ② 기대다

③ 경쟁하다 ④ 공격하다

정답 ▶ 3)

Q 3-4 다음의 글을 읽고 아래의 질문에 답하시오.

Q3 (A)와 (B)에 적합한 연결어들은?

정답▶ 3)

Q4 밑줄 친 'ennui'의 정의를 완성하시오.

보기해석: 'Ennui'는 어떤 지루한 것에 의해 지루해진 감정이다.

정답▶ bored (지겨운)

Q 5 다음의 글을 읽고 아래의 질문에 답하시오.

Q5 괄호에 알맞은 것을 고르시오.

정답▶clarity

* purity 순도, 순수성

Q 6-7 다음의 글을 읽고 아래의 질문에 답하시오.

Q6 A, B, C의 순서가 가장 적절한 것은?

정답▶ 4)

Q7 빈칸에 가장 적절한 표현은?

보기해석: ① 즉시 창출하다

② .....을 지어내다

③ .....을 생각해내다

④ 우리 자신을 돌보다

정답 ▶ 2)

Q 8-9 다음의 글을 읽고 아래의 질문에 답하시오.

Q8 다음 문장이 들어가기에 적합한 곳은?

정답 ▶ 2)

Q9 단어박스에서 빈칸에 들어갈 단어를 고르시오.

정답 ▶ hanging

Q 10-11 다음의 글을 읽고 아래의 질문에 답하시오.

Q10 정확한 문장이 되도록 밑줄 친 문장을 다시 쓰시오.

▶ Thespis, from Ancient Greece, is often called "the world's first actor."

Q11 빈칸에 가장 적절한 것은?

보기 해석: ① ....에 경의를 표하여

② .....을 대신하여

③ .....와 협력하여

④ .....을 지지하여

정답 ▶ 1)

문제 해석 및 해설

Q 12-13 글을 읽고 아래의 질문에 답하시오.

Q12
gruesome와 가장 가까운 뜻을 가진 것은?

보기 해석: ① 우울한 ② 비참한 ③ 끔찍한 ④ 황량한

정답 ▶ 3)

Q13
밑줄 친 단어들 중 단어의 쓰임이 부적절한 것은?

정답 ▶ 4) excluding → including
제외한 포함하는

Q 14-15 다음의 글을 읽고 아래의 질문에 답하시오.

Q14
글의 내용과 일치하는 것은?

보기해석:

① 셰익스피어는 이탈리아에 살았다.
② 일반적으로 오페라는 비극적이다.
③ 영국은 뮤지컬 극장으로 유명하다.
④ 브로드웨이는 뉴욕의 중심에 위치해 있다.

정답 ▶ 2)

Q15
Complete the synonym of the underlined 'for'. 밑줄 친 'for'의 동의어로 다음을 완성시키시오.

정답 ▶ during

Q 16-17 글을 읽고 아래의 질문에 답하시오.

Q16
글의 내용과 일치하지 않는 것은?

보기해석:

① 현실감 창출은 극장의 가장 큰 문제 중 하나이다.
② 연출자들은 소도구를 사용하여 관객들을 놀라게 한다.
③ 중세에는 큰 숲과 강을 그린 그림들이 무대 뒤에 걸렸다.
④ 눈에 보이지 않는 뚜껑문이 무대에 설치되었다.

정답 ▶ 3)

Q17
적합한 전치사로 빈칸을 채우시오.

정답 ▶ to

Q 18-19 다음의 글을 읽고 아래의 질문에 답하시오.

Q18
밑줄 친 문장에서 문법적 오류를 찾아 고치시오.

Ans) assumed → assuming

Q19
이 글의 분위기는?

보기해석:

① 동정적인 ② 슬픈
③ 긴장된 ④ 침울한

정답 ▶ 2)

Q 20-21 다음의 글을 읽고 아래의 질문에 답하시오.

Q20
밑줄 친 'settings'와 뜻이 가장 비슷한 것은?

보기해석:

① 설치 ② 구성
③ 배경 ④ 해설

정답 ▶ 3)

Q21 빈칸에 가장 적합한 것은?

보기해석:

① ~ 때문에 ② 마치 ~인 것처럼
③ 비록 ~라 할지라도 ④ 반면에

정답 ▶ 2)

Q 22-23 다음의 글을 읽고 아래의 질문에 답하시오.

Q22 다음 중에서 밑줄 친 'enhance'와 뜻이 가장 가까운 것은?

보기해석: ① 기여하다, 공헌하다
② 개선하다, 향상시키다
③ 증가시키다
④ 들어 올리다

정답 ▶ 2)

Q23 빈칸에 가장 적합한 형태는?

정답 ▶ 4) to가 부정사이므로 뒤에 동사원형이 따라와야 한다.

Q 24-25 다음의 글을 읽고 아래의 질문에 답하시오.

Q24 다음 중에서 밑줄 친 'revenge'와 뜻이 가장 비슷한 것은?

보기해석: ① 보답, 보상 ② 기여, 공헌
③ 원한, 유감 ④ 복수

정답 ▶ 4)

Q25 빈칸에 가장 적합한 것은?

보기해석:

① ~로 인해, ~ 때문에 ② 왜냐하면
③ ~ 이래로, ~ 때문에 ④ ~ 아래

정답 ▶ 3)

Q 26-27 다음의 글을 읽고 아래의 질문에 답하시오.

Q26 다음 중에서 밑줄 친 'mistake for'과 뜻이 가장 비슷한 것은?

보기해석:

① 비난하다 ② 오인하다, 착각하다
③ 사과하다 ④ 칭찬하다

정답 ▶ 2)

Q27 밑줄 친 'overcome with sorrow'라는 표현을 절로 바르게 고친 것은?

보기해석:

① 비록 그가 슬픔에 잠겨있을지라도
② 그가 슬픔에 잠겨있었던 반면에
③ 그가 슬픔에 잠겨있자마자
④ 그가 슬픔에 잠겨있기 때문에

정답 ▶ 4)

Q 28-29 다음의 글을 읽고 아래의 질문에 답하시오.

Q28 'bookworm'과 관계가 없는 것은?

보기해석: ① 바퀴벌레 ② 영화광
③ 알코올중독자 ④ 사진광

정답 ▶ 1)

Q29 다음 중에서 밑줄 친 'adapt'와 뜻이 가장 가까운 것은?

보기해석: ① 적응시키다 ② 채택하다
③ 적응하다 ④ 각색하다

정답 ▶ 4)

〈다의어 체크업〉

1. mirror ① 거울
② 반영하다 (reflect)

2. complex ① 아파트단지, 공업단지
② 복잡한 (complicated)

3. blast ① 큰소리를 내다, 폭발하다
② 비난하다 (criticize)

4. make up ① 지어내다, 꾸며내다
② 화장하다 (cosmetize)

5. mime ① 무언극
② 흉내 내다 (immitate)

6. empty ① 텅 빈
② (방이나 건물을) 비우다 (vacate)

7. line ① 연극의 대사
② 늘어선 줄 (gueue)

8. feature ① ~을 특징으로 하다
② 특징, 특질 (trait)

9. wire ① 철사
② 전선 (cable)

10. arrange ① 준비하다, 마련하다
② 정돈, 정리하다 (idy)

11. plot ① 구성, 줄거리
② 음모 (conspiracy)

Part 2

Poetry

| 시편 |

Intro: Poetry

시 편

MP3 #37

Poetry is the world's oldest form of literature. Poets have been writing verse for almost 3,000 years! Look inside to find out more about this art form.

시는 세계에서 가장 오래된 형태의 문학입니다. 시인들은 거의 3,000년 동안이나 시를 써왔습니다. 자, 이제 이 예술 형식에 대해 더 알아봅시다.

words & phrases

poetry[póuitri] 시
literature[lítərətʃər] 문학
poet[póuit] 시인
verse[vəːrs] 시, 운문
art form 예술 형식

청크 독해 MP3 #38

Poetry is the world's oldest form of literature.//
시는 세계에서 가장 오래된 형태의 문학이다.//
Poets have been writing verse / for almost 3,000 years!//
시인들은 시를 써왔다 / 거의 3,000년 동안!//
Look inside / to find out more / about this art form.//
들여다봅시다 / 더 알아보기 위해 / 이 예술 형식에 대해.//

Unit 1 Poetic Language

• 시적 언어 •

MP3 #39

1 It's almost impossible to define poetry. A poem can be short or long. It can rhyme like a song, or it can have no rhythm at all. Poetry can be funny or sad, personal or political. The poet William Wordsworth said a poem was "the written overflow of powerful feelings."

One common description of poetry is that it "paints with words." To a poet, each word must be perfect and exact. Poetry often uses figurative language. This means that it shows feeling without using the literal meaning of words.

If you've ever said something like "This car is cold as ice," or "This class is torture" you've used figurative language!

Let's take a look at some of the tools poets commonly use.

시라는 문학의 한 장르를 규정하는 것은 매우 어렵습니다. 시는 짧거나 길 수 있습니다. 노래처럼 운율을 느낄 수도 있고 전혀 그렇지 않을 수도 있습니다. 시는 재미있거나 슬프기도 하고 사적인 이야기일 수도 정치적인 이야기일 수도 있습니다. 시인 윌리암 워즈워스는 시란 "글로 쓰여진 강력한 감정들의 범람"이라고 말했습니다.

한 일반적인 시에 대한 묘사로 "단어로 색칠하는 것"이라는 말이 있습니다. 시인에게 각각의 단어는 완벽하고 정확해야 합니다. 시는 종종 비유적인 표현을 사용합니다. 이것은 단어들이 가지고 있는 문자 그대로의 뜻을 사용하지 않고 감정을 표현한다는 것을 의미합니다.

만약 "이 차는 얼음 같아" 라든지 "이 수업은 고문이야"라고 말한 적이 있다면 여러분은 이미 비유적 언어를 사용한 것입니다.

시인들이 흔히 사용하는 몇몇 도구들을 살펴볼까요?

words & phrases

define[difáin] 정의하다, 규정하다
rhyme[raim] 운을 달다, 운이 맞다, ~과 압운하다
personal[pə́rsənl] 사적인
political[pəlítikəl] 정치적인
overflow[óuvərflou] 범람
common[kámən] 일반적인
description[diskrípʃən] 묘사, 기술
paint[peint] 색칠하다
perfect[pə́:rfikt] 완벽한
exact[igzǽkt] 정확한
figurative language 비유적인 표현
literal[lítərəl] 문자 그대로의
torture[tɔ́:rtʃər] 고문
tool[tu:l] 도구

[예문]

Poems contain a lot of **figurative language.**
시에는 비유적인 언어가 많이 포함되어 있다.

It is the **literal** meaning of the word.
그것은 그 단어의 문자적인 의미이다.

청크 독해 MP3 #40

It's almost impossible/ to define poetry.// A poem can be short or long.//
거의 불가능하다/ 시에 대해 정의를 내린다는 것은. // 시는 짧거나 길 수 있다.//

It can rhyme/ like a song,/ or it can have no rhyme at all.//
그것은 운이 맞을 수 있다/ 노래처럼,/ 또는 전혀 운이 맞지 않을 수 있다.//

Poetry can be/ funny or sad,/ personal or political.//
시는 ~일 수 있다/ 재미있거나 슬플,/ 사적이거나 정치적일.//

The poet William Wordsworth said/ a poem was "the written overflow of powerful feelings."//
시인 윌리암 워즈워스는 말했다/ 시는 "글로 쓰여진 강력한 감정들의 범람"이라고.//

One common description of poetry is / that it "paints with words."//
시에 대한 한 일반적인 묘사는 ~이다/ 그것은 "단어로 색칠하는 것"이라고.//

To a poet,/ each word must be perfect and exact.//Poetry often uses figurative language.//
시인에게,/ 각각의 단어는 완벽하고 정확해야 한다.//시는 흔히 비유적인 표현을 사용한다.//

This means/ that it shows feeling/ without using the literal meaning of words.//
이것은 의미한다/ 그것이 감정을 나타낸다는 것을/ 용단어들이 갖는 문자 그대로의 뜻을 사용하지 않고.//

If you've ever said/ something like "This car is cold as ice,"/ or "This class is torture"/
만약 여러분이 말한 적이 있다면/ "이 차는 얼음같이 차다."라는 것 같은/ 또는 "이 수업은 고문이다."같은 것을/

you've used figurative language!//
여러분은 비유적인 표현을 사용한 것이다!//

Let's take a look at/ some of the tools/ poets commonly use.//
보자/ 일부 도구들을/ 시인들이 흔히 사용하는.//

MP3 #41

2 A simile is a comparison that uses the words "like" or "as." Poets often use similes to add a visual image to an emotion or thought. Read the first two lines of a poem by British poet Robert Burns:

My love is like a red, red rose
That's newly grown in June.

By comparing his love to a blooming flower, Burns turns the abstract idea of love into something the reader can picture.

직유법은 "~와 같은(~처럼)"의 단어를 이용하는 비유법입니다. 시인들은 종종 감정이나 생각에 시각적인 이미지를 더하기 위해 이 직유법을 씁니다. 영국시인 로버트 번스가 쓴 시 두 줄을 읽어보세요.

내 사랑은 빨간, 빨간 장미와 같다.
그것은 6월에 새롭게 핀 것이다.

그의 사랑을 활짝 핀 꽃에 비유함으로써 번스는 사랑이라는 추상적인 개념을 독자들이 마음속에 그릴 수 있는 것으로 바꿉니다.

words & phrases

simile[síməli] 직유법, 직유
comparison[kəmpǽrisn] 비교, 비유
like[laik] ~같은
as[ǽz] ~처럼
add[æd] 더하다
visual[víʒuəl] 시각의, 눈에 보이는
emotion[imóuʃən] 감정
thought[θɔːt] 생각
compare[kəmpέər] 비교하다
bloom[bluːm] 피다, 개화하다, 꽃
abstract[æbstrǽkt] 추상적인
picture[píktʃər] ~을 마음에 그리다

청크 독해 MP3 #42

A simile is a comparison/ that uses the words/ "like" or "as."//
직유법은 비교법이다/ 단어들을 사용하는// "~와 같은(~처럼)"의.//
Poets often use similes/ to add a visual image/ to an emotion or thought.//
시인들은 종종 직유법을 쓴다/ 시각적인 이미지를 더하기 위해/ 감정이나 생각에.//
Read the first two lines of a poem/ by British poet Robert Burns//
한 시의 첫 두 줄을 읽어라/ 영국 시인 로버트 번스가 쓴.//
My love is like a red, red rose/
내 사랑은 빨간, 빨간 장미와 같다.//
That's newly grown in June.//
그것은 6월에 새롭게 핀 것이다.//
By comparing his love/ to a blooming flower,/ Burns turns/ the abstract idea of love/
그의 사랑을 비유함으로써/ 활짝 핀 꽃에,/ 번스는 바꾼다 / 사랑이라는 추상적인 개념을/
into something/the reader can picture.//
어떤 것으로/ 독자가 마음에 그릴 수 있는.//

Writing Practice (쓰기 연습) Ⅰ

Step 1

1. 시는 세계에서 가장 오래된 형태의 문학입니다.

Poetry is the world's________ form of __________.

• oldest 가장 오래된 • literature 문학

2. 시인들은 거의 3,000년 동안이나 시를 써왔습니다.

______ have been writing _______ for almost 3000 years!

• poet 시인 • verse 시

3. 자, 이제 이 예술 형식에 대해 더 알아봅시다.

Look inside to _____ ______ more about this _____ ______.

• find out 알아내다 • art form 예술 형식

4. 시라는 문학의 한 장르를 규정하는 것은 매우 어렵습니다.

It's _______ _________ to define poetry.

• almost impossible 거의 불가능한

5. 시는 짧거나 길 수 있습니다.

A poem can be ______ ____ _______.

• short 짧은 • long 긴

6. 노래처럼 운율을 느낄 수도 있고 전혀 그렇지 않을 수도 있습니다.

It can ______ like a song, or it can have no rhythm ____ ______.

• rhyme 운율을 느끼다 • at all 조금도, 전혀

7. 시는 재미있거나 슬프기도 하고 사적인 이야기일 수도 정치적인 이야기일 수도 있습니다.

Poetry can be funny or sad, ________ ____ _________.

• personal 사적인 • political 정치적인

8. 시인 윌리암 워즈워스는 시란 "글로 쓰여진 강력한 감정들의 흘러넘침"이라고 말했습니다.

The poet William Wordsworth said a _____ was "the written _________ of powerful feelings."

• poemt 시 • overflow 범람, 흘러넘침

9. 한 일반적인 시에 대한 묘사로 "단어로 색칠하는 것"이라는 말이 있습니다.

One common _________ of poetry is that it "_______ with words."

• description 묘사 • paint 색칠하다

10. 시인에게 각각의 단어는 완벽하고 정확해야 합니다.

To a poet, each word must be _______ and _______.

• perfect 완벽한 • exact 정확한

11. 시는 종종 비유적인 표현을 사용합니다.

Poetry often uses __________ language.

• figurative 비유적인

12. 이것은 단어들이 가지고 있는 문자 그대로의 뜻을 사용하지 않고 감정을 표현한다는 것을 의미합니다.

This means that it ______ _________ without using the ________ meaning of words.

• show feeling 감정을 표현하다 • literal 문자 그대로의

13. 만약 "이 차는 얼음 같아" 라든지 "이 수업은 고문이야"라고 말한 적이 있다면 여러분은 이미 비유적 언어를 사용한 것입니다.

If you've ever said something like "This car is ______ ____ ______,"
or "This class is _______" you've used figurative language!

• cold as ice 얼음같이 찬 (His hands are as cold as ice. 그의 손은 얼음장같이 차다.)

• torture 고문

14. 시인들이 흔히 사용하는 몇몇 도구들을 살펴볼까요?

Let's take a look at _____ ____ _____ ______ poets commonly use.

• some of the tools 도구들의 일부

Step 2

1. 직유법은 "~와 같은(~처럼)"의 단어를 이용하는 비교법입니다.
2. 시인들은 종종 감정이나 생각에 시각적인 이미지를 더하기 위해 이 직유법을 씁니다.
3. 영국시인 로버트 번스가 쓴 시 첫 두 줄을 읽어보세요.
4. 내 사랑은 빨간, 빨간 장미와 같다. 그것은 6월에 새롭게 핀 것이다.

5. 그의 사랑을 활짝 핀 꽃과 비교함으로써 번스는 사랑이라는 추상적인 개념을 독자들이 마음속에 그릴 수 있는 것으로 바꿉니다.

1. A simile is a __________ that uses the words "______" or "as."

2. Poets often use similes to _____ a visual image to an ______ or ________.

3. Read the ______ _____ ________ of a poem by British poet Robert Burns:

4. My love is like a red, red rose That's ______ ________ in June.

5. ____ _________ his love to a blooming flower, Burns turns the _______ idea of love into something the reader can ________.

Tips

comparison 비교 like ~같은 as ~처럼
add 더하다 emotion 감정 thought 생각
newly grown 새롭게 핀 compare 비교하다 bloom 피다, 개화하다; 꽃
abstract 추상적인 picture ~을 마음에 그리다

MP3 #43

3 Metaphors make comparisons directly, without using the words "like" or "as. If your mother says "You are an angel," she's using a metaphor. She means that you're like an angel.

William Shakespeare is the most famous writer in the history of the English language. He was a master of metaphor. The lines below are from one of his 154 love poems:

My love is a fever, wanting
that which will nurse the disease.

Why do you think Shakespeare compares his love to being sick? What is it that would "heal" his disease?

은유법은 "~와 같은" 또는 "~처럼"의미의 단어를 쓰지 않고 직접적으로 비교하는 것입니다. 만약 어머니가 "넌 천사야"라고 말한다면 은유법을 쓰고 있는 것입니다. 여러분이 천사와 같다는 것을 의미하는 것입니다. 윌리엄 셰익스피어는 영문학 역사상 가장 유명한 작가입니다. 그는 은유법의 대가였습니다. 아래의 글은 그의 154편의 소네트 중 하나입니다.

내 사랑은 병을 낫게 할 열

왜 셰익스피어는 그의 사랑을 아픈 것으로 비유했을까요? 무엇이 그의 병을 '치유'할까요?

words & phrases

metaphor[métəfɔ̀:r] 은유
angel[éindʒəl] 천사
famous[féiməs] 유명한
history[hístəri] 역사
master[mǽstər] 대가, 달인
fever[fí:vər] 열
nurse[nə:rs] 치료하다, 간호하다
disease[dizí:z] 질병
sick[sik] 아픈
compare ~ to ~를 ~에 비유하다
heal[hi:l] 치유하다

[예문]

Life often can be **compared to** a voyage.
인생은 항해에 종종 비유가 된다.

My mother **nursed** me devotedly last night.
어머니는 지난밤 나를 극진히 간호했다.

청크 독해 MP3 #44

Metaphors make comparisons directly,/ without using the words / "like" or "as".//
은유법은 직접 비교하는 것이다./ 단어를 쓰지 않고/ ~와 같은" 또는 "~처럼"의.//

If your mother says,/ "You are an angel,"/ she's using a metaphor.//
만약 여러분의 어머니가 말한다면,/ "넌 천사야."라고,/ 어머니는 은유법을 사용하고 있는 것이다.//

She means/ that you're like an angel.//
그녀는 의미한다/ 당신은 천사와 같다는 것을.//

William Shakespeare is the most famous writer/ in the history of the English language.//
윌리엄 셰익스피어는 가장 유명한 작가이다/ 영문학 역사상.//

He was a master of metaphor.//
그는 은유법의 대가였다.//

The lines below/ are from one of his 154 love poems://
아래의 글은/그의 154편의 사랑시 중 하나이다.//

My love is a fever, wanting //
나의 사랑은 열//

that which will nurse the disease.//
병을 낫게 할.//

Why do you think / Shakespeare compares his love / to being sick?//
왜 당신은 생각하는가/ 셰익스피어가 그의 사랑을 비교한다고/ 아픈 것과?//

What is it/ that would "heal" his disease?//
무엇인가/ 그의 질병을 치료하게 되는 것은?//

Listening & Speaking (듣기&말하기) Ⅰ

Step 1 스크립보지 말고 두 번 들어보세요.

Metaphors make comparisons directly, without using the words "like" or "as". If your mother says "You are an angel," she's using a metaphor. She means that you're like an angel.

William Shakespeare is the most famous writer in the history of the English language. He was a master of metaphor. The lines below are from one of his 154 love poems:

My love is a fever, wanting
that which will nurse the disease.

Why do you think Shakespeare compares his love to being sick? What is it that would "heal" his disease?

Step 2 표시에서 끊어 읽어보세요.
(빨간색 표시는 강세 음절이고 진하게 표시된 단어들은 강하게 읽는 단어)

Metaphors make comparisons / **directly**,/ **without using** the **words** / "**like**" or "**as**".// If your **mother says** / "You are an **angel**,"/ she's **using** a **metaphor**.// She **means** / that you're like an **angel**.//

William Shakespeare is the **most famous writer** / in the **history** of the **English language**.// He was a **master** of **metaphor**.// The **lines below** are / from **one** of his **154 love poems**://

*My **love** is a **fever**,/ **wanting***
*that / which will **nurse** the **disease**.//*

Why do you **think** / **Shakespeare compares** his **love** / to **being sick**?// **What** is it / that would "**heal**" his **disease**?//

Step 3 한글 발음토

매러ㅍ+호즈 메이(크) 컴패리슨즈/ 디랙틀리,/ 위다웉 유징 더 워즈/ 라이(크) 오(어) 애즈.// 이(ㅍ+흐) 유(어) 마더 쌔즈/ 유 아 언 에인절,/ 쉬즈 유징 어 매러ㅍ+호.// 쉬 민즈/ 댈 유(어) 라이(크) 언 에인절.//

윌리암 쉐잌스피어 이즈 더 모(우)스(트) ㅍ+훼이머스 롸이러/ 인더 히스토리 어(브) 더 잉글리쉬 랭귀지.// 히 와즈 어 매스터 어(브) 매러ㅍ+호.// 더 라인즈 빌로(우) 아/ ㅍ+흐럼 완 어(브) 히즈 완헌드랜 ㅍ+히ㅍ+흐티 ㅍ+훠 러브 포임즈.//

마이 러브 이즈 어 ㅍ+히붜/ 원팅 댈 / 위치 윌 너스 더 디지즈.//

와이 두 유 ㅆ+띵(크)/ 쉐잌스피어 컴페어즈 히즈 러브/ 투 비잉 씩?// 와리질/ 댈 욷 히얼 히즈 디지즈?//

한글 발음토를 따라 읽을 때는 Step 2의 강세 음절 표시와 강하게 읽는 단어 표시를 참고해서 따라 발음해보세요 !!

Step 4 발음 팁

- directly[diréktli] – [디렉틀리], [다이렉틀리] 두 발음 다 좋다.
- famous[féiməs] – 밑줄 친 f를 ㅍ으로 발음하면 안 되고 반드시 ㅍ과 ㅎ의 중간발음을 내야 한다.
- history[hístəri] – 강세가 첫 모음에 있다는 데 유의하자.
- disease[dizí:z] – 밑줄 친 s는 우리말에 없는 발음기호 [z]발음이라 발음 시 신경을 많이 쓰고 발음해야 한다.
- what is it? – 단어는 세 단어이지만 마치 한 단어를 발음하는 기분으로 [와리짙]으로 발음해야 미국식 발음이다.
- heal[hi:l] – [히얼]을 한꺼번에 발음하듯이 발음해야 좋은 발음처럼 들린다.

Step 5 Useful Expressions

1. metaphor 은유, 비유

Metaphor is used in most poems.
대부분의 시에는 은유법이 사용된다.

2. directly 직접, 직접적으로

I really want to speak to him **directly**.
그와 꼭 직접 통화를 했으면 좋겠습니다.

3. master 대가

Hugo was a natural **master** of lyric and creative song.
위고는 서정시와 창작곡의 타고난 대가였다.

4. fever 열

Having a headache and **fever** can be very painful.
두통과 열이 나는 것은 매우 고통스럽습니다.

5. heal 치유하다

Time **heals** all wounds.
세월이 약이다.

Step 6 Dialogs

1. mean 의미하다

A : Mike, I have another question.

B : What's that?

A : What does AFN **mean**?

A : 마이크 물어볼 게 또 하나 있어요.

B : 뭔데?

A : AFN이 무슨 뜻이죠?

2. most 가장 ....한

A : Who is your **most** favorite actor?

B : Tom Hanks. How about you?

A : I don't like him. I like Brad Pitt.

A : 네가 가장 좋아하는 배우가 누구니?

B : 톰 행크스. 너는 어때?

A : 나는 그 사람 좋아하지 않아.
난 브래드 피트를 좋아해.

3. think 생각하다

A : How much is it?

B : 690,000 won, Sir.

A : I **think** the price is a little high.

A : 얼마에요?

B : 690,000원입니다.

A : 제 생각에 가격이 좀 높군요.

4. sick 아픈

A : I will be missing class today.

B : Why?

A : I'm going to see a doctor
because I feel **sick**.

A : 오늘 수업에 못 들어갈 것 같아요.

B : 왜?

A : 몸이 안 좋아서 병원에 가려고요.

MP3 #45

4 Have you ever learned a poem about animals that dance and fight and act like people? Personification gives human qualities to animals or objects.
The following lines are by the African poet Thebe Soro:

The wind screams
The sun hides
The grass breathes.

What do those lines make you imagine? Why do you think Soro used personification?
Poets use alliteration when they repeat the same sounds in words. Our ears pick up repeated sounds, so alliterations are easy to remember. You can see alliteration in common English phrases like
Songwriters use alliteration to make lyrics "catchy." Poet and rapper Tupac Shakur urged his listeners to "Picture perfection, pursuing paper with a passion."

사람처럼 춤추고 싸우고 행동하는 동물들에 관한 시를 배워본 적이 있나요? 의인화 기법은 인간의 특성을 동물이나 물체가 갖도록 합니다. 아래의 시는 아프리카 시인 테베 소로의 시입니다.

바람이 소리치고
태양은 숨어버리고
풀들은 숨을 쉬네

이 구절을 읽고 여러분은 어떤 상상이 떠오르나요? 왜 소로는 의인화 기법을 사용했을까요?
시인은 시 구절에서 같은 소리가 반복될 때 두운법을 씁니다. 우리의 귀는 반복되는 소리를 청취하기 때문에 두운법은 기억하기 쉽습니다. 흔히 쓰이는 영어 표현 "씽크 올 스윔", "두 올 다이", 그리고 "리브 앤 렛 리브"에서 두운법을 찾아볼 수 있습니다. 작사가들은 노랫말이 귀에 쏙쏙 들어오도록 두운법을 씁니다. 시인이자 랩 가수인 투팍 샤커는 그의 팬들에게 "열정적으로 돈을 쫓으며 완벽을 그려라"라고 충고했습니다.

words & phrases

act like ~ ~처럼 행동하다
personification[pə:rsὰnəfikéiʃən] 의인화
human qualities 인간의 특성
object[άbdʒikt] 물체
scream[skri:m] 비명을 지르다, 고함치다
hide[haid] 숨다
grass[græs] 풀, 목초
breathe[bri:ð] 숨쉬다
alliteration[əlìtəréiʃən] 두운법
sink or swim 흥하든 망하든
do or die 죽을 각오로 하다
live and let live 서로 참견하지 않고 지내다
songwriter[sɔ́(:)ŋràitər] 작사자
lyric[lírik] 서정시
catchy[kǽtʃi] 재미있고 외기 쉬운, 사람의 마음을 끄는
rapper[rǽpər] 복잡한
confusion[kənfjú:ʒən] 랩 가수
urge[ə:rdʒ] 촉구하다, 요청하다, 충고하다
perfection[pərfékʃən] 완벽
pursue paper 돈을 쫓다
passion[pǽʃən] 열정

[예문]

Sink or swim, I will give it a try. 흥하건 망하건 (죽이 되든 밥이 되든) 한 번 시도는 해볼 것이다.
The **lyrics** of the song are really catchy. 그 노래 가사는 정말 기억하기 쉽다.

청크 독해 MP3 #46

Have you ever learned a poem/ about animals/ that dance and fight and act like people?//
시를 배워 본 적이 있는가?/ 동물들에 관한 사람처럼 춤추고, 싸우고, 행동하는//
Personification gives human qualities/ to animals or objects.//
의인화 기법은 인간의 특성을 준다/ 동물이나 물체에게.//
The following lines are by the African poet Thebe Soro:// 아래의 시는 아프리카 시인 테베 소로의 시다.//
The wind screams/ 바람이 소리치고/
The sun hides/ 태양은 숨어버리고/
The grass breathes.// 풀들은 숨을 쉬네.//
What do those lines make you imagine?// Why do you think/ Soro used personification?//
이 구절을 읽고 여러분은 어떤 상상이 떠오르는가?// 왜 생각하는가?/ 소로가 의인화 기법을 사용했다고//
Poets use alliteration/ when they repeat the same sounds/ in words.//
시인들은 두운법을 쓴다/ 그들이 같은 소리를 반복할 때/ 시 구절에서.//
Our ears pick up repeated sounds,/ so alliterations are easy to remember.//
우리의 귀가 반복되는 소리를 잡아내기 때문에/ 두운법은 기억하기가 쉽다.//
You can see alliteration/ in common English phrases/ 여러분은 두운법을 볼 수 있다/ 흔히 쓰이는 영어 표현들에서/
like "sink or swim," "do or die," and "live and let live."//
"sink or swim,"(흥하든 망하든) "do or die(죽기 살기로)," 그리고 "live and let live(공존공영)" 같은.//
Songwriters use alliteration/ to make lyrics "catchy."// 작사가들은 두운법을 쓴다/ 가사가 귀에 쏙쏙 들어오도록 하기 위해.//
Poet and rapper Tupac Shakur urged his listeners/ to "Picture perfection/ pursuing paper with a passion."//
시인이자 랩 가수인 투팍 샤커는 그의 팬들에게 충고했다/ 완벽을 그리라고/ 열정적으로 돈을 쫓으면서.//

● 지식코너 ●

"Epic Poems(서사시)" 란?

MP3 #47

An epic poem is a long poem that combines poetry and story. Ancient epics are often origin stories telling how the world "came to be." Ancient Greek storytellers would travel from town to town chanting the legends of famous wars fought by gods. These storytellers did not know how to read or write. By using poetry, they could more easily memorize long stories. Some storytellers memorized hours and hours of stories. Many ancient religious texts are epic poems. For example, the *Bhagavad Gita is an Indian adventure story and a religious instruction for Hindus. The "Gita" tells the story of a war between two ancient families. Between the battle scenes, the warriors have long talks with gods about religion and philosophy.*

서사시는 시와 이야기가 결합된 장편시입니다. 고대 서사시는 대개 어떻게 이 세상이 시작되었는지를 말해주는 초창기 이야기입니다.

고대 그리스 이야기꾼들은 신들이 치른 유명한 전쟁에 관한 전설들을 되풀이해 말하며 도시들을 돌아다녔습니다. 이 이야기꾼들은 읽거나 쓸 줄 몰랐습니다. 시를 이용하여 그들은 긴 이야기들을 매우 쉽게 기억할 수 있었습니다. 일부 이야기꾼들은 몇 시간에 걸친 이야기들을 기억했습니다.

많은 고대 종교 경전들은 다 서사시입니다. 예를 들어, '바가바드 기타'는 인도를 모험한 이야기와 힌두교의 종교적인 지침들을 담고 있습니다. '기타'는 두 고대 가문 간의 전쟁이야기를 말해주고 있습니다. 전투 장면 사이에 전사들은 종교와 철학에 대해 신들과 긴 대화를 했습니다.

words & phrases

how the world is coming to be 세상이 어떻게 되려는지
epic poem 서사시
combine[kəmbáin] 결합하다
ancient[éinʃənt] 고대의, 옛날의
storyteller 이야기를 쓰는 사람
from town to town 이 도시 저 도시로
chant[ʧænt] 되풀이해 말하다, 노래하다
legend[lédʒənd] 전설
memorize[méməràiz] 외우다
religious texts 종교 경전
adventure[ædvénʧər] 모험
instruction[instrΛkʃən] 지시, 명령
battle scene 전투 장면
warrior[wɔ́:riər] 전사, 병사
philosophy[filάsəfi] 철학

[예문]

I don't know **how the world is coming to be.**
세상이 어떻게 되려는지 모르겠어.
The middle-aged man travelled **from town to town** selling his daily necessities.
그 중년 남자는 생필품들을 팔며 이 도시 저 도시로 돌아다녔다.

청크 독해 MP3 #48

An epic poem/ is a long poem/ that combines poetry and story.//
서사시는/ 장편시다/ 시와 이야기가 결합된.//
Ancient epics/ are often origin stories/ telling how the world "came to be."//
고대 서사시는/ 종종 초창기 이야기다/ 어떻게 이 세상이 시작되었는지를 말해주는.//
Ancient Greek storytellers/ would travel from town to town/ chanting the legends of famous wars/ fought by gods./
고대 그리스 이야기꾼들은/ 도시들을 돌아다녔다/ 유명한 전쟁에 관한 전설들을 되풀이해 말하며/ 신들이 치른./
These storytellers did not know/ how to read or write.//
이 이야기꾼들은/ 읽거나 쓸 줄 몰랐다.//
By using poetry,/ they could more easily memorize long stories.//
시를 이용하여/ 그들은 긴 이야기들을 매우 쉽게 기억할 수 있었다.//
Some storytellers memorized/ hours and hours of stories.//
일부 이야기꾼들은/ 기억했다/ 몇 시간에 걸친 이야기들을.//
Many ancient religious texts are epic poems.//
많은 고대 종교 경전들은 다 서사시다.//
For example,/ the *Bhagavad Gita is an Indian adventure story/ and a religious instruction for Hindus.//*
예를 들어,/ '바가바드 기타'는 인도를 모험한 이야기와/ 힌두교의 종교적인 지침들을 담고 있다.//
The "Gita" tells the story of a war/ between two ancient families.//
'기타'는 전쟁이야기를 말해주고 있다/ 두 고대 가문 간의.//
Between the battle scenes,/ the warriors have long talks with gods/ about religion and philosophy.//
전투 장면 사이에/ 전사들은 신들과 긴 대화를 한다/ 종교와 철학에 대해.//

Writing Practice (쓰기 연습) 2

Step 1

1. 사람처럼 춤추고 싸우고 행동하는 동물들에 관한 시를 배워본 적이 있나요?

Have you ever learned a ______ _______ animals that dance and fight and act like people?

• poem about ~에 관한 시 • act like ~처럼 행동하다

2. 의인화 기법은 인간의 특성을 동물이나 물체가 갖도록 합니다.

Personification gives ________ __________ to animals or objects.

• human qualities 인간의 특성

3. 아래의 시는 아프리카 시인 테베 소로의 시입니다.

The ________ ______ are by the African poet Thebe Soro:

• following 다음의 • line 시행

4. 바람이 소리치고
태양은 숨어버리고
풀들은 숨을 쉬네.

The ______ _________
The sun hides
The grass breathes.

• wind 바람 • scream 외치다 • grass 풀

5. 이 구절을 읽고 여러분은 어떤 상상이 떠오르나요?

What do those lines make you ________?

• imagine 상상하다

6. 왜 소로는 의인화 기법을 사용했을까요?

Why do you _______ Soro ______ personification?

• think 생각하다 • used 사용했다

7. 시인은 시 구절에서 같은 소리가 반복될 때 두운법을 씁니다.

Poets use __________ when they ________ the same sounds in words.

• alliteration • repeat 반복하다

8. 우리의 귀는 반복되는 소리를 청취하기 때문에 두운법은 기억하기 쉽습니다.

Our ears pick up repeated sounds, so alliterations are _______ _____ ____________.

• easy to remember

9. 흔히 쓰이는 영어 표현 "씽크 올 스윔", "두 올 다이", 그리고 "리브 앤 렛 리브"에서 두운법을 찾아볼 수 있습니다.

You can see alliteration in _______ _________ _________ like "sink or swim," "do or die," and "live and let live."

• common English phrase 흔히 쓰이는 영어 표현

10. 작사가들은 노랫말이 귀에 쏙쏙 들어오도록 두운법을 씁니다.

Songwriters use alliteration to make lyrics "_________."

• catchy 재미있고 외기 쉬운

11. 시인이자 랩 가수인 투팍 샤커는 그의 팬들에게 "열정적으로 돈을 좇으며 완벽을 그려라"라고 충고했습니다.

Poet and rapper Tupac Shakur ________ his listeners to "Picture _________, pursuing _______ with a passion."

• urge 촉구하다, 요청하다, 충고하다 • perfection 완벽 • paper 지폐

Step 2

1. 서사시는 시와 이야기가 결합된 장편시입니다.

2. 고대 서사시는 대개 어떻게 이 세상이 시작되었는지를 말해주는 초창기 이야기입니다.

3. 고대 그리스 이야기꾼들은 신들이 치른 유명한 전쟁에 관한 전설들을 되풀이해 말하며 도시들을 돌아다녔습니다.

4. 이 이야기꾼들은 읽거나 쓸 줄 몰랐습니다.

5. 시를 이용하여 그들은 긴 이야기들을 매우 쉽게 기억할 수 있었습니다.

6. 일부 이야기꾼들은 몇 시간에 걸친 이야기들을 기억했습니다.

7. 많은 고대 종교 경전들은 다 서사시입니다.

8. 예를 들어, '바가바드 기타'는 인도를 모험한 이야기와 힌두교의 종교적인 지침들을 담고 있습니다.

9. '기타'는 두 고대 가문 간의 전쟁이야기를 말해주고 있습니다.

10. 전투 장면 사이에 전사들은 종교와 철학에 대해 신들과 긴 대화를 했습니다.

1. An _____ _______ is a long poem that combines poetry and story.

2. ________ epics are often origin stories ________ how the world "came to be."

3. Ancient Greek _________ would travel _____ ______ ____ ________ chanting the legends of famous wars fought by gods.

4. These storytellers did not know ______ ____ _______ _____ ________.

5. By using poetry, they could more easily ________ long stories.

6. Some storytellers memorized _______ _____ ________ of stories.

7. Many ancient ________ _______ are epic poems.

8. For example, the Bhagavad Gita is an Indian adventure story and a _________ __________ for Hindus.

9. The "Gita" tells the story of a war between two _______ _________.

10. Between the _______ ________, the warriors have _____ ______ with gods about religion and philosophy.

Tips

epic poem 서사시 combine 결합하다 ancient 고대의, 옛날의
telling 이야기해주는 storyteller 이야기를 쓰는 사람 from town to town 이 도시 저 도시로
how to read or write 읽거나 쓰는 방법을 memorize 외우다 hours and hours 몇 시간이고
religious texts 종교 경전 religious instruction 종교적인 지침 family 가문
battle scene 전투 장면 long talks 긴 대화

Unit 2 Haiku

하이쿠

MP3 #49

1 Haiku is a Japanese form of poetry and one of the most popular types of poetry in the world. The goal of a haiku is to express a deep emotion with a few words. Traditional haiku often uses nature to capture a feeling of joy or sadness.
Haiku poems follow strict rules. Each poem contains exactly three lines, consisting of 5, 7, and 5 syllables. There's no room to waste, so haiku writers must be exact with their words.

하이쿠는 일본의 시 형태로써 세계에서 가장 대중적인 시의 유형입니다. 하이쿠의 목적은 되도록 적은 단어로 깊은 감정을 표현하는 것입니다. 전통적인 하이쿠는 종종 기쁨이나 슬픔의 감정을 표현하기 위해 자연을 이용합니다. 하이쿠 시는 엄격한 법칙을 따릅니다. 각각의 시는 정확하게 3행시로 5, 7, 5음절로 구성되어 있습니다. 각 구절마다 군더더기가 없어 하이쿠 시인들은 단어를 사용하는 데 있어서 정확함에 틀림없습니다.

words & phrases

express[iksprés] 표현하다
emotion[imóuʃən] 감정
traditional[trədíʃənl] 전통적인
nature[néitʃər] 자연
capture a feeling 감정을 표현하다
joy[dʒɔi] 기쁨
sadness[sǽdnis] 슬픔
follow[fɑ́lou] 따르다
strict rule 엄격한 규정
contain[kəntéin] ~을 포함하다
consist of ....으로 이루어지다
syllable[síləbl] 음절
room to ~ ~할 여지, 여유, 공간
waster[wéistər] 낭비하다
exact[igzǽkt] 정확한

[예문]

The poem captures a feeling of loneliness and **sadness.**
그 시는 외로움과 슬픔의 감정을 잘 표현하고 있다.

There is **room to** rest over there.
저기에 쉴 수 있는 공간이 있어.

청크 독해 MP3 #50

Haiku is a Japanese form of .poetry/ and one of the most popular types of poetry/ in the world.//
하이쿠는 일본의 시 형태로써/ 가장 대중적인 시의 유형 중 하나이다/ 세계에서.//

The goal of a haiku/ is to express a deep emotion/ with few words.//
하이쿠의 목적은/ 깊은 감정을 표현하는 것이다/ 적은 단어들로.//

Traditional haiku often uses nature/ to capture a feeling of joy or sadness.//
전통적인 하이쿠는 종종 자연을 이용한다/ 기쁨이나 슬픔의 감정을 표현하기 위해.//

Haiku poems follow strict rules.//
하이쿠 시는 엄격한 법칙을 따른다.//

Each poem contains exactly three lines,/ consisting of 5, 7, and 5 syllables.//
각각의 시에는 정확하게 3행시가 들어있다/ 5, 7, 5음절로 구성되어 있는.//

There's no room to waste,/ so haiku writers must be exact/ with their words.//
각 구절마다 군더더기가 없어/ 하이쿠 시인들은 정확함에 틀림없다/ 그들의 단어 사용에.//

Listening & Speaking (듣기&말하기) Ⅰ

주제▸ **Haiku**(하이쿠)

Step 1 스크립보지 말고 두 번 들어보세요.

Haiku is a Japanese form of .poetry and one of the most popular types of poetry in the world. The goal of a haiku is to express a deep emotion with few words. Traditional haiku often uses nature to capture a feeling of joy or sadness.

Haiku poems follow strict rules. Each poem contains exactly three lines, consisting of 5, 7, and 5 syllables. There's no room to waste, so haiku writers must be exact with their words.

Step 2 표시에서 끊어 읽어보세요.
(빨간색 표시는 강세 음절이고 진하게 표시된 단어들은 강하게 읽는 단어)

Haiku is a **Japanese form** of **poetry** / and one of the **most popular types** of **poetry** / in the **world**.// The **goal** of a **haiku** / is to **express** a **deep emotion** / with **few words**.// **Traditional haiku often uses nature** / to **capture** a **feeling** / of **joy** or **sadness**.//

Haiku poems follow strict rules.// **Each poem contains** / **exactly three lines**,/ **consisting** of **5, 7** / and **5 syllables**.// There's **no room** / to **waste**,/ so **haiku writers** must be **exact** / with their **words**.//

Step 3 한글 발음토

하이쿠 이즈 어 재패니즈 ㅍ+홈 어(브) 포읻추리 / 앤 완 어(브) 더 모(우)스(트) 파퓰러 타입스 어(브) 포읻추리 / 인더월(드).// 더 고울 어(브) 어 하이쿠 / 이즈 투 익스 프래스 어 딮 이모(우)션 / 윈 ㅍ+휴 워즈.// 추디셔널 하이쿠 오ㅍ+흐튼 유지즈 네이처 / 투 캡처어 ㅍ+휠링 / 어(브) 조이 오(어) 쌔드니스.//

하이쿠 포임즈 ㅍ+활로(우) 스트뤽(트) 룰즈.// 이취 포임 컨테인즈 / 이그잭틀리 ㅆ+뜨리 라인즈,/ 컨씨스딩 어(브) ㅍ+화이브, 쌔븐 / 앤 ㅍ+화이브 씰러블즈.// 데(어)즈 노(우) 룸 / 투 웨이스(트),/ 쏘(우) 하이쿠 롸이러즈 마스(트) 비 이그잭(트) / 윈 데(어) 워즈.//

한글 발음토를 따라 읽을 때는 Step 2의 강세 음절 표시와 강하게 읽는 단어 표시를 참고해서 따라 발음해보세요 !!

Step 4 발음 팁

- and – 밑줄 친 d발음은 거의 내지 않는 것이 좋다.
- few – f를 ㅍ로 발음하면 pew가 되어 '교회의 신도석'이라는 뜻이 되어버리므로 ㅍ과 ㅎ 사이 발음을 내야 한다.
- words – 자음 세 개가 몰려 있으니까 가운데 자음 d를 약하게 하여 [워즈]로 발음해야 한다.
- traditional – 밑줄 친 r발음을 탈락시키고 [추디셔널]처럼 발음해야 미국식 발음에 가깝다.
- writer – [라이터]로 발음하면 lighter가 되기 때문에 r발음에 유의해야 한다.

Step 5 Useful Expressions

1. form 형태

I also heard that praying is a wonderful **form** of meditation.

나는 기도가 명상의 훌륭한 형태라는 말도 들었어.

2. express 표현하다

Writing a letter is a good way to **express** your love.

편지를 쓰는 것은 사랑을 표현하는 좋은 방법이다.

3. nature 자연

Let's enjoy the warm spring sunshine and have some fun in **nature**!

따뜻한 봄 햇살을 즐기면서 자연에서 즐거운 시간을 보내자!

4. strict 엄격한

The head coach is a bit **strict**, but he always tries to help us learn more.

감독님은 약간 엄격하지만 항상 우리에게 많은 것을 가르쳐주려고 노력하셔.

5. consist 구성되다

Living things **consist** of minute structures called cells.

생명체들은 세포라고 불리는 미세한 구조로 구성되어 있다.

Step 6 Dialogs

1. type 유형, 형태

A : What **type** of rooms do you want?

B : Well, I'd like two single rooms.

A : For how many nights?

A : 어떤 형태의 방을 원하십니까?

B : 글쎄요, 일인용 침대가 있는 방을 두 개 원합니다.

A : 며칠 밤을 묵으실 겁니까?

2. goal 목표, 목적

A : Seong Yong, what is your goal?

B : My **goal** is to be a world-class soccer player.

A : Good luck to you.

A : 성용아, 너의 목표가 뭐니?

B : 세계적인 축구선수가 되는 거야.

A : 행운을 빈다.

3. rule 규칙, 원칙

A : Can I help you?

B : I would like to return this, because it's broken.

A : I'm afraid we make it a **rule** not to refund on bargain days.

A : 무엇을 도와드릴까요?

B : 이것이 깨져서 반품하고 싶습니다.

A : 죄송하지만 할인 판매 기간엔 반품하지 않는 것을 원칙으로 합니다.

4. waste 낭비하다

A : Where do you work?

B : I work in Suji.

A : Aren't you **wasting** a lot of time for commuting?

A : 어디서 근무하세요?

B : 수지에서 일해요.

A : 통근하는 데 많은 시간을 소모하지는 않습니까?

MP3 #51

2 Each traditional haiku must contain at least one word referencing the season in which the poem is set. For instance, look at the following poem:

The crunch of footsteps
The ice dripping from the roof
My heart has frozen

What season is the poet evoking? Which words gave it away?

Haiku is related to the philosophy of Zen Buddhism, a religion practiced in Japan. Zen Buddhists believe in simplicity and brevity. The subject of a haiku should not be complicated. Instead, a good haiku usually describes everyday events in a new way.

각각의 전통 하이쿠는 적어도 시의 배경이 되는 계절을 표현하는 한 단어가 포함되어야 합니다. 예를 들어 아래의 시를 살펴봅시다.

뽀드득 발소리
처마 밑 고드름
내 심장은 얼어있네

이 시를 읽고 떠오르는 계절은 무엇인가요? 어떤 단어에서 그 느낌을 받습니까?

하이쿠는 일본에 전파된 선종 철학과 관련이 있습니다. 선종은 소박함과 간결함을 중시합니다. 하이쿠의 주제는 복잡한 것이면 안 됩니다. 좋은 하이쿠 시는 대개 일상생활에서 일어나는 일들을 새로운 방법으로 표현합니다.

words & phrases

referencing the season 계절을 나타내는
For instance 예를 들면
crunch[krʌntʃ] 저벅저벅 밟는 소리
footstep 발자국
drip[drip] 뚝뚝 떨어지다, 뚝뚝 떨어뜨리다
roof[ru:f] 지붕
frozen[fróuzn] freeze(얼다)의 과거분사
evoke[ivóuk] 불러 일으키다, 자아내다
give away 드러내다
Zen Buddhism 선종
religion[rilídʒən] 종교
practice[prǽktis] 실천하다
simplicity[simplísəti] 간단, 단순, 검소
brevity[brévəti] 간결(성)
subject[sʌbdʒikt] 주제
complicated[kámpləkèitid] 복잡한
describe[diskráib] 묘사하다

[예문]
He is a kind of person who doesn't **give away** his mind easily.
그는 마음을 쉽게 드러내지 않는 그런 사람이다.
Let me explain the problem in **simplicity** and **brevity.**
그 문제를 간단하고 간결하게 설명해볼게.

청크 독해 MP3 #52

Each traditional haiku/ must contain/ at least one word/ referencing the season/ in which the poem is set.// 각각의 전통 하이쿠는/ 포함해야 한다/ 적어도 한 단어를/ 계절을 나타내는/ 시가 설정되는.//
For instance,/ look at the following poem:// 예를 들어/ 아래의 시를 살펴보라.//
The crunch of footsteps/ The ice dripping from the roof/ My heart has frozen//
뽀드득 발소리/ 처마 밑 고드름/ 내 심장은 얼어있네.//
What season is the poet evoking?// which words gave it away?//
이 시를 읽고 떠오르는 계절은 무엇인가// 어떤 단어에서 그 느낌을 받는가?//
Haiku is related/ to the philosophy of Zen Buddhism,/ a religion practiced in Japan.//
하이쿠는 관련이 있다/ 선종 철학과/ 일본에 전파된 종교인.//
Zen Buddhists believe in simplicity and brevity.//
선종은 소박함과 간결함을 중시한다.//
The subject of a haiku/ should not be complicated.//
하이쿠의 주제는/ 복잡해서는 안 된다.//
Instead,/ a good haiku usually/ describes everyday events/ in a new way.//
대신에,/ 좋은 하이쿠 시는 흔히/ 일상생활에서 일어나는 일들을 표현한다/ 새로운 방법으로.//

MP3 #53

3 Tu Pu lived more than 400 years ago and is considered to be a great master of haiku. He believed that emotion in haiku should be hidden. What does that mean? Well, let's a look at one of his most famous poems:

An old silent pond...
A frog jumps into the pond,
splash! Silence again.

What emotion do you think Tu Pu was trying to convey in this poem?

'도보'는 400여 년 전에 살았던 사람으로 하이쿠의 대가로 여겨집니다. 그는 하이쿠 속의 감정은 숨겨져 있어야 한다고 생각했습니다. 이것은 무슨 의미일까요? 그의 유명한 시 한편을 살펴봅시다:

오래된 고요한 연못...
개구리 한 마리가 뛰어들었네,
첨벙! 다시 적막이.

도보는 이 시에서 어떤 감정을 표현하고자 했던 걸까요?

words & phrases

consider[kənsídər] ~이라고 생각하다
great master 대가, 거장
silent[sáilənt] 고요한
pond[pand] 연못
frog[frɔːg] 개구리
splash[splæʃ]] (물속에서) 첨벙거리다; 첨벙하는 소리
convey[kənvéi] 전달하다

[예문]
List was a **great master** of piano music.
리스트는 피아노 음악의 거장이였다.
Let me **convey** your message to her.
당신의 메시지를 그녀에게 전해줄게요.

청크 독해 MP3 #54

Tu Pu lived/ more than 400 years ago/ and is considered/ to be a great master of haiku.//
'도보'는 살았다/ 400여 년 전에/ 그리고 여겨진다/ 하이쿠의 대가로.//
He believed/ that emotion in haiku/ should be hidden.// What does that mean?//
그는 믿었다/ 하이쿠 속의 감정은/ 숨겨져야 한다고 생각했다.// 이것은 무슨 의미일까?//
Well, take a look at/ one of his most famous poems://
음, 살펴보자/ 그의 유명한 시 한편을://
An old silent pond.../
오래된 고요한 연못.../
A frog jumps into the pond,/
개구리 한 마리가 뛰어들었네./
splash!/ *Silence again.*//
첨벙!/ 다시 적막이.//
What emotion/ do you think/ Tu Pu was trying to convey/ in this poem?//
어떤 감정을/ 생각하는가/ 도보가 표현하려고 했다고/ 이 시에서?//

Writing Practice (쓰기 연습) Ⅰ

Step 1

1. 각각의 전통 하이쿠는 적어도 시의 배경이 되는 계절을 표현하는 한 단어가 포함되어야 합니다.

Each traditional haiku must contain ____ ________ one word referencing the season in which the poem ____ ______.

• at least 적어도 • is set ~에 설정되다

2. 뽀드득 발소리/ 처마 밑 고드름/ 내 심장은 얼어있네

The crunch of __________ / The ice _________ from the roof / My heart _____ _________

• footstep 발자국 • drip 뚝뚝 떨어지다 • has frozen 얼어붙다

3. 이 시를 읽고 떠오르는 계절은 무엇인가요?

What season is the poet ________?

• evoke 일깨우다, 자아내다

4. 하이쿠는 일본에 전파된 선종 철학과 관련이 있습니다.

Haiku ____ ________ _____ the philosophy of Zen Buddhism, a religion practiced in Japan.

• is related to ~와 관련이 있다

5. 선종은 소박함과 간결함을 중시합니다.

Zen Buddhists ________ ___ simplicity and brevity.

• believe in 존재나 가치를 믿다

6. 하이쿠의 주제는 복잡한 것이면 안 됩니다.

The ________ of a haiku should not be __________.

• subject 주제 • complicated 복잡한

7. 대신에 좋은 하이쿠 시는 대개 일상생활에서 일어나는 일들을 새로운 방법으로 표현합니다.

________, a good haiku usually _________ everyday events in a new way.

• instead 대신에 • describe 묘사하다

Step 2

1. '도보'는 400여 년 전에 살았던 사람으로 하이쿠의 대가로 여겨집니다.
2. 그는 하이쿠 속의 감정은 숨겨져 있어야 한다고 생각했습니다.
3. 이것은 무슨 의미일까요?
4. 그의 유명한 시 한 편을 살펴봅시다:
5. 오래된 고요한 연못.../ 개구리 한 마리가 뛰어들었네,/ 첨벙! 다시 적막이...
6. 도보는 이 시에서 어떤 감정을 표현하고자 했던 걸까요?

1. Tu Pu lived more than 400 years ago and is ________ to be a _______ ________ of haiku.
2. He believed that emotion in haiku _______ ____ ________.
3. What does that mean?
4. Well, _____ ____ ______ _____ one of his most famous poems:
5. An old ______ ______... / A _____ jumps into the pond, / _______! Silence again.
6. What emotion do you think Tu Pu was trying to ________ in this poem?

Tips

consider ~이라고 생각하다 great master 대가 should be hidden 숨겨져야 한다
take a look at ~을 살펴보다 silent 고요한 pond 연못 frog 개구리
splash (물속에서) 첨벙거리다, 첨벙하는 소리 convey 전달하다

Unit 3

Interview with Kid Static

● Kid Static과의 인터뷰 ●

MP3 #55

1 Moses Harris, Jr. is a hip hop musician from Chicago in the United States. Hip hop music features a type of poetry called rap. Raps are lyrics that are spoken instead of sung.
Moses raps under the name Kid Static. Last year, he made an album called *Hypnotized. Now, he's working on his next group of songs. We talked to Kid Static about rap and poetry:*

Moses Harris 2세는 미국 시카고 출신으로 힙합 음악가입니다. 힙합은 랩이라고 하는 시의 한 형태가 특징입니다. 랩은 노래로 부르는 것이 아니라 말하는 가사입니다. Moses는 Kid Static이라는 이름으로 랩을 노래합니다. 지난 해 그는 〈Hypnotized〉라는 제목의 앨범을 제작했습니다.

지금 그는 다음 곡들을 작업하고 있습니다. 우리는 랩과 시에 대해 Kid Static과 이야기를 나누었습니다.

words & phrases

hip hop 1980년대 미국에서 유행하기 시작한 역동적인 춤과 음악
feature[fíːʧər] ~의 특징을 이루다
rap[ræp] 랩 뮤직
work on ~ ~의 작업을 하다
lyric[lírik] 가사
sung (노래하다)의 과거분사
hypnotize[hípnətàiz] ~을 매료하다, ~에 최면술을 걸다

[예문]
She is **working on** her computer now in her office alone.
그녀는 홀로 사무실에서 컴퓨터 작업을 하고 있다.
His novel mainly **features** the conflict of characters.
그의 소설은 주로 인물의 갈등을 특징으로 한다.

청크 독해 MP3 #56

Moses Harris, Jr./ is a hip hop musician/ from Chicago in the United States.//
Moses Harris 2세는/ 힙합 음악가이다/ 미국 시카고 출신의.//
Hip hop music features/ a type of poetry called rap.//
힙합은 특징으로 한다/ 랩이라고 하는 시의 한 형태를.//
Raps are lyrics/ that are spoken/ instead of sung.//
랩은 가사이다/ 노래가 말해지는 가사이다/ 불려지는 것이 아니라.//
Moses raps/ under the name Kid Static.//
Moses는 노래한다/ Kid Static이라는 이름으로.//
Last year,/ he made an album/ called Hypnotized.//
지난 해,/ 그는 한 앨범을 제작했다/ 〈Hypnotized〉라는 제목의.//
Now,/ he's working on his next group of songs.//
지금,/ 그는 다음 곡들을 작업하고 있다.//
We talked to Kid Static/ about rap and poetry://
우리는 Kid Static과 이야기를 나누었다/ 랩과 시에 대해.//

Listening & Speaking (듣기&말하기) Ⅰ

Step 1 스크립보지 말고 두 번 들어보세요.

Moses Harris, Jr. is a hip hop musician from Chicago in the United States. Hip hop music features a type of poetry called rap. Raps are lyrics that are spoken instead of sung.

Moses raps under the name Kid Static. Last year, he made an album called *Hypnotized. Now, he's working on his next group of songs. Apple News talked to Kid Static about rap and poetry:*

Step 2 /표시에서 끊어 읽어보세요.

(빨간색 표시는 강세 음절이고 진하게 표시된 단어들은 강하게 읽는 단어)

Moses Harris, Jr./ is a **hip hop musician**/ from **Chicago** / in the **United States**.// **Hip hop music features** / a **type** of **poetry** / **called rap**.// **Raps** are **lyrics** / that are **spoken** / **instead** of **sung**.//

Moses raps / under the **name Kid Static**.// **Last year**,/ he **made** an **album** / **called** ***Hypnotized***.// ***Now***,/ *he's* ***working*** *on his* ***next group*** *of* ***songs***.// ***Apple News talked*** *to* ***Kid Static*** */ about* ***rap*** *and* ***poetry***://

Step 3 한글 발음토

모우지즈 해러스, 주니어./ 이즈 어 힢 핲 뮤지션 / ㅍ+흐럼 쉬카고 / 인 디 유나이릳 스ㅌ+떼잍스.// 힢 핲 뮤직 ㅍ+휘처즈 / 어 타잎 어(브) 포잍추리 / 콜(드) 뢥.// 뢥스 아 리릭즈 / 대라 스ㅍ+뽀(우)큰 / 인스태러(브) 썽.//

모우지즈 뢥스 / 언더 더 네임 킫 스태릭.// 래스(트) 이어,/ 히 메이던 앨범 / 콜(드)

휜너타이즈(드).// 나우,/ 히즈 워킹 온 히즈 낵스(트) 그룹 어(브) 쏭즈.// 애플 뉴스 톡 투 킨 스태릭 / (어)바웉 뢥 앤 포읻추리://

한글 발음토를 따라 읽을 때는 Step 2의 강세 음절 표시와 강하게 읽는 단어 표시를 참고해서 따라 발음해보세요 !!

Step 4 발음 팁

- 단음절에 대한 강세 표시 – rap과 같은 단음절에는 자동으로 모음에 강세가 있기 때문에 강세 표시를 하지 않았다.
- a type of poetry – 밑줄 친 a와 of는 약 발음이라 아주 약하게 발음해야 한다.
- instead of – 연음시켜 [인스태러(브)]같이 발음해야 자연스럽다.
- under – 이 단어는 on the 같이 들릴 수 있으니까 under인지 on the인지는 독해력으로 구분해야 안전하다.
- talked to – [톡드 투]라고 발음하면 좀 어색하게 들리기 때문에 talked의 ed발음을 내지 말고 [톡 투]처럼 발음하는 게 자연스럽다.

Step 5 Useful Expressions

1. musician 음악가

Born in Seoul in 1932, Paik was first a **musician.**
1932년에 서울에서 태어난 백씨는 처음에 음악가였다.

2. called ....라고 불리는

I don't know anyone **called** Scott.
나는 스콧이라는 이름을 가진 사람은 아는 사람이 없다.

3. instead of ....대신에

I'll have tea **instead of** coffee, please.
커피 대신에 차를 마실 게요.

4. hypnotize ....에 최면을 걸다

Stop trying to **hypnotize** me.
나에게 최면 걸려고 하지 마.

Step 6 Dialogs

1. from ....에서, ...로부터

A : Where are you **from**?

B : I'm **from** South Korea.

A : Which part of the country?

A : 어디 출신에요?

B : 한국이요.

A : 한국 어느 지역요?

2. year 해

A : Can I ask you a question?

B : Yes.

A : Who won the life-time achievement award this **year**?

A : 질문해도 될까요?

B : 예.

A : 올해 공로상은 누가 받았나요?

3. next 다음의

A : Can I help you?

B : Where can I get tickets for a flight to London?

A : At the **next** window.

A : 도와드릴까요?

B : 런던행 비행기표를 어디서 삽니까?

A : 옆 창구에서요.

4. talk 말하다, 이야기하다

A : Hello.

B : Can I speak to Se-young?

A : She is **talking** on another line.

A : 여보세요.

B : 세영이 좀 바꿔주시겠어요?

A : 그녀는 지금 다른 전화를 받고 있습니다.

MP3 #57

2 How is rap like poetry?

Rap is an art form where you get to express yourself through words, just like poetry. The difference is that rap is often to music where regular poetry does not have to be.

Can you remember a line from a rap song that inspired you when you were younger? What was it?

I didn't really listen to lyrics when I was a kid. Only as an adult did I start breaking down songs and thinking about what they meant... When I was younger it was more about the beats and how the music sounded. Did I like the instruments and how the song made me feel? If the answer was yes, then I liked the song.

시같은 랩은 어떻습니까?

랩은 마치 시처럼 말로 당신 자신을 표현하는 예술 형식입니다. 그 차이는 보통의 시에서는 그럴 필요가 없는데 랩은 종종 음악에 맞춘다는 겁니다.

당신은 어렸을 적에 당신에게 영감을 준 랩 노래의 한 시행을 기억할 수 있나요?

그게 뭐였죠?

저는 사실 어렸을 때 노래가사를 듣지 않았습니다. 저는 성인이 되어서야 곡들을 분석하고 그것들이 뭘 의미했는지 생각하기 시작했습니다. 제가 어렸을 때에는 박자와 음악이 어떻게 들렸나가 더 중요했습니다. 악기들과 그 노래가 저의 기분을 어떻게 만들었는지를 좋아했나요? 그 대답이 '네'였다면, 저는 그 노래를 좋아한 겁니다.

words & phrases

art form 예술 형태
get to express 표현하게 되다
through[θruː] ~을 통해서
difference[dífərəns] 차이
to music 음악에 맞춘
regular[régjulər] 보통의, 통상적인
inspire[inspáiər] 영감을 주다
adult[ədΛlt] 어른
break down[régjulər] 분석하다, 분해하다
beat[biːt] 박자
instrument[ínstrəmənt] 악기, 도구

[예문]
Nam Joon Paik pioneered his unique **art form.**
백남준은 그의 독특한 예술 형태를 개척했다.
Your job is to **break down** the statistical data with your computer.
당신의 일은 컴퓨터로 통계 데이터를 분석하는 것입니다.

청크 독해 MP3 #58

How is rap like poetry?//
시같은 랩은 어떤가?//
Rap is an art form/ where you get to express yourself/ through words,/ just like poetry.//
랩은 예술 형식이다/ 당신 자신을 표현하게 되는/ 말로,/ 마치 시같이.//
The difference is/ that rap is often to music/ where regular poetry does not have to be.//
그 차이는 ~이다/ 랩은 흔히 음악에 맞춘다는 것이다/ 보통의 시에서는 그럴 필요가 없는 경우에.//
Can you remember a line/ from a rap song/ that inspired you/ when you were younger?//
당신은 한 시행을 기억할 수 있는가/ 랩 노래의/ 당신에게 영감을 준/ 어렸을 적에.//
What was it?//
그게 무엇이었나?//
I didn't really listen to lyrics/ when I was a kid.//
저는 사실 노래가사를 듣지 않았다 /어렸을 때.//
Only as an adult/ did I start breaking down songs/ and thinking about/ what they meant...//
저는 성인이 되어서야/ 곡들을 분석하기 시작하고/ 생각하기 시작했다/ 그것들이 뭘 의미했는지.//
When I was younger/ it was more about the beats/and how the music sounded.//
내가 어렸을 때/ 박자가 더 중요했다/ 그리고 음악이 어떻게 들리는지.//
Did I like the instruments/ and how the song made me feel?//
내가 악기들을 좋아했는가?/ 그리고 그 노래가 나를 어떻게 느끼게 했는가?//
If the answer was yes,/ then I liked the song.//
그 대답이 '네'였다면,/ 나는 그 노래를 좋아한 것이다.//

MP3 #59

3 Where do you get ideas for your lyrics?

My ideas come from all around me. Something may happen that day or I may feel a certain emotion and feel the need to write about it. I may write about my childhood or the neighborhood where I grew up. I might make up a story and put it to music. The possibilities are endless.

Why is it important for kids to express themselves? What makes rap a good form of expression?

It is very important for kids to express themselves. Expression helps people get to know you better and will give people a chance to identify with you. It also helps you find out who you are and what you believe. If you keep your thoughts and feelings deep inside where no one can see them, how will people know how you feel or what you want?

Rap is a good way to do this because it puts your ideas and thoughts to music. Music can relieve stress and also can be a lot of fun.

당신 가사의 아이디어는 어디서 구하나요?

제 아이디어는 제 주변 전체에서 옵니다. 그날 어떤 일이 발생하게 되거나 제가 어떤 감정을 느끼고 그것에 대해 쓸 필요성을 느낄 수 있습니다. 저의 어린 시절에 대해 쓰게 되거나 제가 자란 고장에 대해 쓸 수 있습니다. 저는 이야기를 지어내어 그것을 음악에 표현할 수 있습니다. 가능성은 무한하죠.

아이들이 자신들을 표현하는 것이 왜 중요한가요? 왜 랩 음악이 좋은 표현 형식인가요?

아이들이 자신들을 표현하는 것은 대단히 중요합니다. 표현은 사람들이 당신을 더 잘 알게 되도록 도와주고 사람들에게 당신이 누구인지 알게 할 기회를 주게 될 것입니다. 그것은 또한 당신을 도와 당신이 누구인지와 당신이 무엇을 믿는지 알아내게 해줍니다. 당신이 당신의 생각과 감정을 아무도 볼 수 없는 안쪽 깊숙이 보관해둔다면, 사람들이 어떻게 당신의 감정이나 당신이 원하는 것을 알게 될까요?

랩 음악이 이걸 할 수 있는 좋은 방법입니다. 왜냐하면 그것은 당신의 아이디어와 생각을 음악으로 표현하기 때문이죠. 음악은 스트레스를 풀어줄 수 있고 또한 매우 즐거울 수 있습니다.

words & phrases

a certain 어떤
childhood[ʧáildhùd] 어린 시절
neighborhood[néibərhùd] 고장, 지역, 이웃
grew up 자랐다
make up a story 이야기를 만들다
put it to music 그것을 음악에 표현하다
endless[éndlis] 끝없는
get to know 알게 되다
identify with you 당신이 누구인지를 알다
thought[θɔːt] 생각
relieve stress 스트레스를 풀다

[예문]
He is good at **making up a story.** 그는 이야기를 만드는 데 능숙하다.
Once we **get to know** each other, we can be good friends. 일단 서로 알게 되면, 우리는 좋은 친구가 될 수 있다.
How do you **relieve stress** from work? 당신은 일로부터 쌓이는 스트레스를 어떻게 해소합니까?

청크 독해 MP3 #60

Where do you get ideas for your lyrics?// 당신 가사의 아이디어는 어디서 구하는가?//
My ideas come from all around me.// 내 아이디어는 제 주변 전체에서 온다.//
Something may happen/ that day/ or I may feel a certain emotion/
어떤 일이 발생하게 될 수 있다/ 그날/ 또는 나는 어떤 감정을 느낄 수 있고/
and feel the need/ to write about it.// 필요성을 느낄 수 있다/ 그것에 대해 쓸.//
I may write about my childhood/ or the neighborhood/ where I grew up.//
나의 어린 시절에 대해 쓰게 되거나/ 고장에 대해 쓸 수 있다/ 내가 자란.//
I might make up a story/ and put it to music.// The possibilities are endless.//
나는 이야기를 지어내어/ 그것을 음악에 표현할 수 있다.// 그 가능성은 무한하다.//
Why is it important/ for kids to express themselves?// What makes rap a good form of expression?//
왜 중요한가?/ 아이들이 자신들을 표현하는 것이// 왜 랩 음악이 좋은 표현 형식인가?//
It is very important/ for kids to express themselves.// 대단히 중요하다/ 아이들이 자신들을 표현하는 것은.//
Expression helps people/ get to know you better/ and will give people a chance/ to identify with you.//
표현은 사람들을 도와주고/ 당신을 더 잘 알게 되도록/ 사람들에게 기회를 주게 될 것이다/ 당신이 누구인지 알게 할.//
It also helps you/ find out who you are/ and what you believe.//
그것은 또한 당신을 도와준다/ 당신이 누군인지 알아내고/ 당신이 무엇을 믿는지 알아내도록.//
If you keep your thoughts and feelings/ deep inside/ where no one can see them,/ how will people know/ how you feel/ or what you want?//
당신이 당신의 생각과 감정을 보관해둔다면/ 안쪽 깊숙이/ 아무도 볼 수 없는/ 사람들이 어떻게 알까?/ 당신의 감정이나/ 당신이 원하는 것을.//
Rap is a good way to do this/ because it puts/ your ideas and thoughts to music.//
랩 음악이 이걸 할 수 있는 좋은 방법이다/ 왜냐하면 그것은 표현하기 때문이다/ 당신의 아이디어와 생각을 음악으로.//
Music can relieve stress/ and also can be a lot of fun.//
음악은 스트레스를 풀어줄 수 있고/ 또한 매우 즐거울 수 있다.//

Writing Practice (쓰기 연습) Ⅰ

Step 1

1. 시같은 랩은 어떻습니까?

How is rap _____ poetry?

• like ~같은

2. 랩은 마치 시같이 말로 당신 자신을 표현하는 예술 형식입니다.

Rap is an ____ ______ where you get to _______ _________ through words, just like poetry.

• art form 예술 형식 • express yourself 당신 자신을 표현하다

3. 그 차이는 보통의 시에서는 그럴 필요가 없는데 랩은 종종 음악에 맞춘다는 겁니다.

The _________ is that rap is often to music where regular poetry does not________ be.

• difference 차이 • have to (조동사) ~해야 한다

4. 당신은 어렸을 적에 당신에게 영감을 준 랩 노래의 한 시행을 기억할 수 있나요? 그게 뭐였죠?

Can you remember ___ _____ from a rap song that ______ you when you were younger? What was it?

• a line 시의 한 행 • inspire 영감을 주다

5. 어떤 단어에서 그 느낌을 받습니까?

I didn't really listen to ______ when I was a ____.

• lyrics 노래가사 • kid 어린 아이

6. 저는 성인이 되어서야 곡들을 분석하고 그것들이 뭘 의미했는지 생각하기 시작했습니다.

Only as an adult did I start breaking down songs and thinking about _____ ____________...

• what they meant 그것들이 의미한 것

7. 제가 어렸을 때에는 박자와 음악이 어떻게 들렸나가 더 중요했습니다.

When I was younger it was more about the beats and ____ ____ _______ ________.

• how the music sounded 음악이 어떻게 들렸는가

8. 악기들과 그 노래가 저의 기분을 어떻게 만들었는지를 좋아했나요?

Did I ____ ____ __________ and how the song made me feel?

• like the instruments 악기들을 좋아하다

9. 그 대답이 '네'였다면, 저는 그 노래를 좋아한 겁니다.

If the ______ was yes, _____ I liked the song.

• answer 대답 • then 그렇다면

Step 2

1. 당신 가사의 아이디어는 어디서 구하나요?
2. 제 아이디어는 제 주변 전체에서 옵니다.
3. 그날 어떤 일이 발생하게 되거나 제가 어떤 감정을 느끼고 그것에 대해 쓸 필요성을 느낄 수 있습니다.
4. 저의 어린 시절에 대해 쓰게 되거나 제가 자란 고장에 대해 쓸 수 있습니다.
5. 저는 이야기를 지어내어 그것을 음악에 표현할 수 있습니다.
6. 가능성은 무한하죠.
7. 아이들이 자신들을 표현하는 것이 왜 중요한가요?
8. 왜 랩 음악이 좋은 표현 형식인가요?
9. 아이들이 자신들을 표현하는 것은 대단히 중요합니다.

10. 표현은 사람들이 당신을 더 잘 알게 되도록 도와주고 사람들에게 당신이 누구인지 알게 할 기회를 주게 될 것입니다.

11. 그것은 또한 당신을 도와 당신이 누구인지와 당신이 무엇을 믿는지 알아내게 해줍니다.

12. 당신이 당신의 생각과 감정을 아무도 볼 수 없는 안 쪽 깊숙이 보관해둔다면, 사람들이 어떻게 당신의 감정이나 당신이 원하는 것을 알게 될까요?

13. 랩 음악이 이걸 할 수 있는 좋은 방법입니다. 왜냐하면 그것은 당신의 아이디어와 생각을 음악에 표현하기 때문이죠.

14. 음악은 스트레스를 풀어줄 수 있고 또한 매우 즐거울 수 있습니다.

1. Where do you _____ ______ for your lyrics?

2. My ideas _____ ______ all around me.

3. Something may happen _____ ______ or I may feel a certain emotion and _____ _____ ______ to write about it.

4. I may write about my childhood or the neighborhood ________ ____ ______ _____.

5. I might _____ _____ ____ _______ and put it to music.

6. The possibilities are ___________.

7. Why is it important for kids to _______ ___________?

8. What makes rap a good _____ ____ _________?

9. It is very important ____ ______ to express themselves.

10. Expression helps people ____ ____ ______ you better and will give people a chance to ________ _____ ______.

11. It also helps you find out who you are and ______ _____ __________.

12. If you ______ ______ _________ and feelings deep inside where ____ _____ _____ ______ them, how will people know ____ ____ _______l or what you want?

13. Rap is ___ _____ ______ to do this because it _____ ______ _______ and thoughts to music.

14. Music can _______ _________ and also can be a lot of fun.

Tips

that day 그날
neighborhood 고장, 지역, 이웃
grew up 자랐다
make up a story 이야기를 만들다
endless 끝없는
express 표현하다
form of expression 표현의 형태
get to know 알게 되다
identify with you 당신이 누구인지를 알다
thought 생각
relieve stress 스트레스를 풀다

Unit 4

The Wonderful World of Dr. Seuss

• Dr. Seuss의 멋진 세상 •

MP3 #61

1 Perhaps the most popular poet for English learners is Theodor Seuss Geisel (1904-1991), who is better known as Dr. Seuss! When he was a baby, Dr. Seuss' mother told him silly rhymes to help him fall asleep. As an adult, he'd make a career out of silly rhymes!
Here's a stanza from Green Eggs and Ham, about a creature named Sam. This is how Sam feels about green eggs and ham:

I do not like them in a house.
I do not like them with a mouse.
I do not like them here or there.
I do not like them anywhere.

아마도 영어를 배우는 사람들에게 가장 유명한 시인은 닥터 수스로 더 잘 알려진 '테오도르 수스 가이젤'일 것입니다. 닥터 수스가 아기였을 때 그의 어머니는 그가 잠이 들 수 있도록 재미있는 리듬을 들려주었습니다. 어른이 되어서 그는 우스꽝스러운 시를 쓰는 직업을 갖게되었습니다.

다음은 〈초록색 달걀과 햄〉이라는 책 속에 있는 연인데 샘이라는 사람에 관한 것입니다. 이 연에서는 샘이 초록색 달걀과 햄에 대해서 어떻게 느끼는지 보여주고 있습니다.

나는 집에 있는 그것들이 싫어.
나는 쥐와 있는 그것들이 싫어.
나는 여기든 저기든 그것들이 싫어.
나는 그것들이 아무 데나 있는 게 싫어.

words & phrases

English learners 영어 학습자
better known 더 잘 알려진
silly[síli] 우스꽝스러운, 어리석은
rhyme[raim] 운
fall asleep 잠들다
As an adult 어른이 되었을 때
make a career out of ~을 직업으로 하다
stanza[stǽnzə] 연, 시절
creature[kríːʧər] 사람, 생물, 동물

[예문]

Listening to CNN may also be good for **English learners.**
CNN을 청취하는 것 역시 영어 학습자에게 좋을 것이다..
Comedians or gagmen **make a career out of** making people laugh.
코미디언들이나 개그맨들은 사람들을 웃기는 것이 직업이다.

청크 독해 MP3 #62

Perhaps/ the most popular poet for English learners/ is Theodor Seuss Geisel (1904-1991),/ who is better known as Dr. Seuss!//
아마도/ 영어를 배우는 사람들에게 가장 유명한 시인은/ 닥터 수스 가이젤(1904~1991)인데/ 그는 수스 박사로 더 잘 알려져 있다!//
When he was a baby,/ Dr. Seuss' mother told him silly rhymes/ to help him fall asleep.//
닥터 수스가 아기였을 때,/ 그의 어머니는 재미있는 시를 들려주었다/ 그가 잠이 들 수 있도록.//
As an adult,/ he'd make a career/ out of silly rhymes!//
어른이 되어서,/ 그는 직업을 가졌다/ 우스꽝스러운 시를 쓰는.//
Here's a stanza/ from Green Eggs and Ham,/ about a creature named Sam.//
여기에 한 연이 있다/ 〈초록색 달걀과 햄〉에서 뽑았는데,/ 샘이라는 사람에 관한.//
This is how Sam feels/ about green eggs and ham:
이것은 샘의 감정이다/ 초록색 달걀과 햄에 관한.
I do not like them in a house.// I do not like them with a mouse.//
나는 집에 있는 그것들이 싫어.// 나는 쥐와 있는 그것들이 싫어.//
I do not like them here or there.// I do not like them anywhere.//
나는 여기든 저기든 그것들이 싫어.// 나는 그것들이 아무 데나 있는 게 싫어.//

Listening & Speaking (듣기&말하기) I

Step 1 스크립보지 말고 두 번 들어보세요.

Perhaps the most popular poet for English learners is Theodor Seuss Geisel, who is better known as Dr. Seuss! When he was a baby, Dr. Seuss' mother told him silly rhymes to help him fall asleep. As an adult, he'd make a career out of silly rhymes!

Here's a stanza from Green Eggs and Ham, about a creature named Sam. This is how Sam feels about green eggs and ham:

I do not like them in a house.
I do not like them with a mouse.
I do not like them here or there.
I do not like them anywhere.

Step 2 표시에서 끊어 읽어보세요.
(빨간색 표시는 강세 음절이고 진하게 표시된 단어들은 강하게 읽는 단어)

Perhaps the **most popular poet** / for **English learners** / is **Theodor Seuss Geisel** / who is **better known** / as **Dr. Seuss!**// **When** he was a **baby**,/ **Dr. Seuss' mother told** him / **silly rhymes** / to **help** him **fall asleep**.// As an **adult**,/ he'd **make** a **career** / out of **silly rhymes**!//

Here's a **stanza** / from **Green Eggs** and **Ham**,/ about a **creature** / **named Sam**.// This is how **Sam feels** / about **green eggs** and **ham**://

I **do not like** them / in a **house**.//
I **do not like** them / with a **mouse**.//
I **do not like** them / **here** or **there**.//
I **do not like** them / **anywhere**.//

Step 3 한글 발음토

퍼햅스 더 모(우)스(트) 파퓰러 포일 / ㅍ+호 잉글리쉬 러너즈 / 이즈 ㅆ+띠어 도 쑤스 가이젤 / 후 이즈 배러 노운 / 애즈 닥터 수스!// 왠 히 와즈 어 베이비,/ 닥터 수스마더 토울(드) 힘/ 씰리 롸임즈 / 투 핼(프) 힘 ㅍ+홀 어슬맆.// 애즈 언 어덜(트),/ 히(드) 메이커 커리어 / 아우러(브) 씰리 롸임즈!//
히어즈 어 스탠자 / ㅍ+흐럼 그린 액즈 앤 햄,/ 어바우러 크리처 / 네임(드) 쌤.//
디스 이즈 하우 쌤 ㅍ+휠즈 / 어바웉 그린 액즈 앤 햄://

아이 두 낱 라잌 뎀 / 인 어 하우스.//
아이 두 낱 라잌 뎀 / 위드 어 마우스.//
아이 두 낱 라잌 뎀 / 히어 오(어) 데(어).//
아이 두 낱 라잌 뎀 / 애니웨어.//

한글 발음토를 따라 읽을 때는 Step 2의 강세 음절 표시와 강하게 읽는 단어 표시를 참고해서 따라 발음해보세요 !!

Step 4 발음 팁

- learner – runner와 구분해서 발음해야 하니까 [러너]로 발음해야 한다. runner는 [뤄너]로 발음한다.
- told him – 연음되면서 자음 h 발음이 거의 사라진다. 그래서 이 두 단어는 마치 [톨딤]처럼 들린다.
- adult – [어덜(트)], [애럴(트)] 발음이 두 개다.
- make a career out of – 밑줄 친 부분이 연음되어 [메이커 커리어 아우러(브)] 처럼 발음된다.
- them – 밑줄 친 th는 약한 [ㄷ]발음이다.

Step 5 Useful Expressions

1. perhaps 아마

Perhaps, the same can be said of art or literature.

아마도, 예술이나 문학에서도 마찬가지이다.

2. learner 학습자

I'm a quick **learner.**

저는 빨리 배우는 사람입니다.

3. silly 어리석은, 우스운

Some people get **silly** or funny tattoos.

어떤 사람들은 우습고 재미있는 문신을 한다.

4. asleep 잠들은

The only time she is quiet is when she is **asleep**!

그녀가 유일하게 잠잠한 시간은 잠들어 있는 시간뿐입니다!

5. creature 생명체, 생물, 사람

The Earth is home to many **creatures**, including humans and animals.

지구는 인간과 동물을 포함해 많은 생명체들이 사는 곳입니다.

Step 6 Dialogs

1. better 더 좋은, 더 잘

A : Good morning.

B : How are you?

A :Couldn't be **better**.

A : 안녕하세요.

B : 안녕하세요?

A : 더할 나위 없이 좋아요.

2. help 도와주다

A : May I **help** you?

B : Yes. Who is the manager of this internet cafe?

A : It's me.

A : 도와드릴까요?

B : 네. 이 PC방의 점장님은 누구인가요?

A : 접니다.

3. career 직업, 경력, 생애

A : Where were you this morning?

B : I went to a **career** fair.

A : Where was it held?

A : 아침에 어디 있었어?

B : 취업 박람회에 가봤습니다.

A : 그거 어디서 열린거지?

4. how 어떠한, 어떻게

A : **How** was the movie yesterday?

B : Wonderful. I had a good time.

A : Who was the main character?

A : 어제 영화 어땠니?

B : 아주 좋았어. 즐거운 시간을 보냈지.

A : 주인공이 누구였지?

MP3 #63

2 Dr. Seuss is beloved in part because his poems are simple and musical. Reading them can also help to unlock our imaginations! Think for a second about green eggs and ham. Where would you find them? Would you eat them if you did?
The Cat in the Hat, another Seuss story, begins with this sad description:

The sun did not shine.
It was too wet to play.
So we sat in the house on that cold, cold, wet day.

I sat there with Sally,
we sat there we two.
And I said, "How I wish we had something to do!"

닥터 수스는 부분적으로는 그의 시가 간결하고 음악적이기 때문에 사랑을 받습니다. 그의 시를 읽으면 또한 우리의 상상력이 발휘되는 것을 알 수 있습니다. 초록색 달걀과 햄을 잠시 떠올려 봅시다. 어디서 그런 것들을 찾을 수 있을까요? 찾게 되면 그것들을 먹겠습니까?

수스의 다른 이야기 '모자 쓴 고양이'는 이 슬픈 묘사로 시작됩니다.

햇빛이 빛나지 않아.
놀기에는 너무 젖어있어.
너무 춥고 젖은 날 우리는 집안에서 놀기로 했지.

샐리와 앉아있었지.
둘이 앉아있었지.
그리고 난 뭔가 할 수 있는 게 있었으면 좋겠다고 말했어.

words & phrases

beloved[bilʌvid] 사랑 받는
in part 부분적으로는
unlock 열다
imagination[imædʒənéiʃən] 상상(력)
for a second 잠시동안
description[diskrípʃən] 묘사
shine[ʃain] 빛나다
wet[wet] 젖은
cold[kould] 추운

[예문]

His success was due **in part** to his diligence.
그의 성공은 어느 정도 근면 덕분이었다.

I was standing numb **for a second.**
나는 잠시 동안 멍하게 서있었다.

청크 독해 MP3 #64

Dr. Seuss is beloved/ in part/ because his poems are simple and musical.//
닥터 수스는 사랑받는다/ 부분적으로는/ 그의 시가 간결하고 음악적이기 때문에.//

Reading them/ can also help/ to unlock our imaginations!//
그의 시를 읽으면/ 또한 도움이 될 수 있다/ 우리의 상상력을 발휘하는 데에.//

Think for a second/ about green eggs and ham.//
잠시 생각해보라/ 초록색 달걀과 햄에 대해.//

Where would you find them?// Would you eat them/ if you did?//
어디서 그런 것들을 찾을 수 있을까?// 당신은 그것들을 먹을 것인가 / 찾게 되면.//

The Cat in the Hat,/ another Seuss story,/ begins with this sad description://
'모자 쓴 고양이'는/ 수스의 다른 이야기인/ 이 슬픈 묘사로 시작된다.//

IThe sun did not shine.// It was too wet to play.//
햇빛이 빛나지 않아.// 놀기에는 너무 젖어있어.//

So/ we sat in the house/ on that cold, cold, wet day.//
그래서/ 우리는 집안에서 놀기로 했지/ 그 춥고, 궂은 날.//

I sat there with Sally,/ we sat there we two.//
샐리와 앉아있었지,/ 둘이 앉아있었지.//

And I said,/ "How I wish we had something to do!"//
그리고 난 말했어,/ 뭔가 할 수 있는 게 있었으면 좋겠다고!//

MP3 #65

3 Fortunately for Sally and her brother, boredom ends when a crazy cat comes to their house to have fun!
Yet not every character created by Dr. Seuss is so nice. Take a look at the mean main character in How the Grinch Stole Christmas:

The Grinch hated Christmas!
The whole Christmas season!
Now, please don't ask why.
No one quite knows the reason.

Dr. Seuss brought his characters to life not only with words but with great pictures. He wrote almost 50 different books for children, and they're all fun!

다행히 샐리 남매는 이상한 고양이가 그들과 놀기 위해 집을 찾아오면서 지루하지 않게 되었습니다. 그러나 수스 박사가 만든 모든 캐릭터들이 다 친절한 것만은 아닙니다. '그린치는 어떻게 크리스마스를 훔쳤는가'에 나오는 못된 주인공을 살펴봅시다.

그린치는 크리스마스를 싫어했습니다.
전부 크리스마스를 축하하는 것들 뿐입니다.
이제 왜냐고 묻지 마세요.
누구도 그 이유를 잘 모릅니다.

닥터 수스는 그의 캐릭터들에게 글뿐만 아니라 멋진 그림으로도 생명을 불어넣었습니다. 그는 아이들을 위해서 거의 50권의 책을 썼고, 모두 재미있습니다.

words & phrases

boredom[bɔ́:rdəm] 지루함
crazy[kréizi] 정상이 아닌
have fun 재미있게 놀다
mean[mi:n] 하찮은, 천한, 못된
main character 주인공
hate[heit] 미워하다
reason[rí:zn] 이유
bring ~ to life ~에 활기[생기]를 불어넣다

[예문]

Let's **have fun** on weekends.
우리 주말을 즐겁게 보냅시다.
God **brought to life** the man from the dust of the ground and the man became a living being.
하느님은 땅의 흙으로 만든 사람에게 생기를 불어넣었다.

청크 독해 MP3 #66

Fortunately/ for Sally and her brother,/ boredom ends/
다행히/ 샐리 남매는/ 지루하지 않게 되었다./
when a crazy cat comes to their house/ to have fun!///
이상한 고양이가 그들의 집을 찾아오면서/ 놀기 위해!//
Yet/ not every character created by Dr. Seuss/ is so nice.//
그러나/ 수스 박사가 만든 모든 캐릭터들이 ~는 아니다/ 그렇게 친절한 것만은.//
Take a look at the mean main character/ in *How the Grinch Stole Christmas:*//
못된 주인공들을 살펴보자/ '그린치는 어떻게 크리스마스를 훔쳤는가'에 나오는.//
The Grinch hated Christmas!//
그린치는 크리스마스를 싫어했다!//
The whole Christmas season!//
전부 크리스마스를 축하하는 것들 뿐이다!//
Now, please don't ask why.//
이제 왜냐고 묻지 마라.//
No one quite knows the reason.//
누구도 그 이유를 잘 모른다.//
Dr. Seuss brought his characters to life/ not only with words / but with great pictures.//
닥터 수스는 그의 캐릭터들에게 생명을 불어넣었다/ 글뿐만 아니라/ 멋진 그림으로도.//
He wrote almost 50 different books/ for children,/ and they're all fun!//
그는 거의 50권의 책을 썼는데/ 아이들을 위해/ 모두 재미있다!//

Writing Practice (쓰기 연습) Ⅰ

Step 1

1. 닥터 수스는 부분적으로는 그의 시가 간결하고 음악적이기 때문에 사랑을 받습니다.

Dr. Seuss is beloved ___ ______ because his poems are simple and ________.

• in part 부분적으로는 • musical 음악적인

2. 그의 시를 읽으면 또한 우리의 상상력이 발휘되는 것을 알 수 있습니다.

Reading them can also help to ________ our imaginations!

• unlock 열다

3. 초록색 달걀과 햄을 잠시 떠올려 봅시다.

Think _____ ____ ________ about green eggs and ham.

• for a second 잠깐

4. 어디서 그런 것들을 찾을 수 있을까요?

Where would you _____ them?

• find 발견하다

5. 찾게 되면 그것들을 먹겠습니까?

_______ _____ ______ them if you did?

• would you eat 먹겠습니까?

6. 수스의 다른 이야기 '모자 쓴 고양이'는 이 슬픈 묘사로 시작됩니다.

The *Cat in the Hat*, another Seuss story, _______ _____ this sad description:

• begins with ~로 시작되다

7. 햇빛이 빛나지 않아.

놀기에는 너무 젖어있어.

너무 춥고 젖은 날 우리는 집안에서 놀기로 했지.

샐리와 앉아있었지,

둘이 앉아있었지.

The sun did not _______.

It was _____ _____ to play.

So we sat in the house on that cold, cold, wet day

I _____ ________ with Sally,

we sat there we two.

• shine 빛나다 • too wet 너무 젖은 • sat there 그곳에 앉았다

8. 그리고 난 뭔가 할 수 있는 게 있었으면 좋겠다고 말했어.

And I said, "How I wish we had ________ ____ _____!"

• something to do 해야 할 어떤 것[일]

Step 2

1. 다행히 샐리 남매는 이상한 고양이가 그들과 놀기 위해 집을 찾아오면서 지루하지 않게 되었습니다.

2. 그러나 수스 박사가 만든 모든 캐릭터들이 다 친절한 것만은 아닙니다.

3. '그린치는 어떻게 크리스마스를 훔쳤는가'에 나오는 못된 주인공을 살펴봅시다.

4. 그린치는 크리스마스를 싫어했습니다.

전부 크리스마스를 축하하는 것들 뿐입니다.

이제 왜냐고 묻지 마세요.

누구도 그 이유를 잘 모릅니다.

5. 닥터 수스는 그의 캐릭터들에게 글뿐만 아니라 멋진 그림으로도 생명을 불어넣었습니다.

6. 그는 아이들을 위해서 거의 50권의 책을 썼고, 모두 재미있습니다.

1. __________ for Sally and her brother, _________ ends when a crazy cat comes to their house to have fun!

2. _____ not every character ________ ____ Dr. Seuss is so nice.

3. Take a look at the ______ ______ __________ in *How the Grinch Stole Christmas*:

4. The Grinch ______ Christmas!
   The whole Christmas season!
   Now, please _______ _____ ______.
   No one quite knows the reason.

5. Dr. Seuss _________ his characters to life _____ ______ with words ______ with great pictures.

6. He wrote almost 50 ________ ______ ______ children, and they're all fun!

Tips

unfortunately 다행히
boredom 지루함
crazy 정상이 아닌
have fun 재미있게 놀다
mean 하찮은, 천한, 못된
main character 주인공
hate 미워하다
reason 이유
bring ~ to life ~에 활기[생기]를 불어넣다

Would you eat them
in a box?
Would you eat them
with a fox?

• Exercise •

Q1-2 Read the following passage and answer the questions below.

You read earlier about the Japanese form of haiku. Now you get to write a haiku poem of your own. Here are some reminders about the guidelines:

(A) A haiku usually contains seasonal words that give clues as to the season in which the haiku takes place. ______________, "sunny" might indicate summer, while "white" might indicate winter.

(B) Haiku poems are usually about every day events. So try to write your haiku about something that actually happens to you! They could be about anything in your everyday life, from taking the bus to school, to warming hot chocolate in the microwave. In the box, write your own haiku.

(C) Haiku poems consist of three lines. The first has 5 syllables, the second 7, and the third 5.

Q1. What is the sequence for (A), (B), and (C)?

1) (B) - (A) - (C)
2) (B) - (C) - (A)
3) (C) - (A) - (B)
4) (C) - (B) - (A)

Q2. What is an appropriate phrase in the blank?

1) For instance
2) Besides
3) In other words
4) In contrast

Q3-4

Read the following passage and answer the questions below.

> It's almost impossible to (describe, define) poetry. A poem can be short or long. It can rhyme like a song, or it can have no rhythm at all. Poetry can be funny or sad, personal or political. The poet William Wordsworth said a poem was "the written overflow of powerful feelings."
>
> One common description of poetry is that it "paints with words." To a poet, each word must be perfect and exact. Poetry often uses figurative language. <u>This means that it shows feeling without use the literal meaning of words.</u> If you've ever said something like "This car is cold as ice," or "This class is torture" you've used figurative language!

Q3. Choose the correct one in parenthesis.

Q4. Find the grammatical error in the underlined sentence and correct it.

Q5-6 Read the following passage and answer the questions below.

> Have you ever learned a poem about animals that dance and fight and act like people? Personification gives human __________ to animals or objects.
>
> The following lines are by the African poet Thebe Soro:
>
> *The wind screams*
> *The sun hides*
> *The grass breathes.*
>
> What do those lines make you imagine? Why do you think Soro used personification?
>
> Poets use alliteration when they repeat the same sounds in words. Our ears pick up repeated sounds, so alliterations are easy to remember. You can see alliteration in common English phrases like "sink or swim," "do or die," and "live and let live."
>
> Songwriters use alliteration to make lyrics "catchy." Poet and rapper Tupac Shakur urged his listeners to "Picture perfection, pursuing paper with a passion."

Q5. Find the words from the word box and fill in the blank.

[attitude, face, qualities, habit]

Q6. What does the underlined 'paper' refer to?

1) newspaper 2) paper money
3) report 4) blank sheet

Read the following passage and answer the questions below.

Q7-8

An epic poem is a long poem that combines poetry and story. Ancient epics are often _______ stories telling how the world "came to be."

Ancient Greek storytellers would travel from town to town chanting the legends of famous wars fought by gods. These storytellers did not know how to read or write. By using poetry, (easily, long, memorize, they, stories, could, more). Some storytellers memorized hours and hours of stories.

Many ancient religious texts are epic poems. For example, the Bhagavad Gita is an Indian adventure story and a religious instruction for Hindus. The "Gita" tells the story of a war between two ancient families. Between the battle scenes, the warriors have long talks with gods about religion and philosophy.

Q7. Which is the best expression for the blank?

1) basic 2) origin 3) beginning 4) old

Q8. Unscramble the words in parenthesis.

Q9-10

Read the following passage and answer the questions below.

Haiku is a Japanese form of .poetry and one of the most popular types of poetry in the world. The goal of a haiku is to express a deep emotion with few words. (A) Traditional haiku often uses nature to capture a feeling of joy or sadness.

(B) Each poem contains exactly three lines, consisting of 5, 7, and 5 syllables. There's no room to waste, so haiku writers must be exact with their words.

Each traditional haiku must contain at least one word referencing the season in which the poem is set. (C) For instance, look at the following poem:

> The crunch of footsteps
> The ice dripping from the roof
> My heart has frozen

What season is the poet evoking? Which words gave it away?

Haiku is related to the philosophy of Zen Buddhism, a religion practiced in Japan. (D) Zen Buddhists believe in simplicity and brevity. he subject of a haiku should not be ___________. Instead, a good haiku usually describes everyday events in a new way.

Q9. Where does the given sentence fit in the passage best?

[Haiku poems follow strict rules.]

1) A 2) B 3) C 4) D

Q10. Choose the best answer for the blank.

1) complicated 2) confusing 3) sensitive 4) political

Q11-12

Read the following passage and answer the question below.

Tu Pu lived more than 400 years ago and is considered to be a great master of haiku. He believed that emotion in haiku should be hidden. What does that mean? Well, take a look one of his most famous poems:

An old silent pond...
A frog jumps into the pond,
splash! Silence again.

What emotion do you think Tu Pu was trying to 'convey' in this poem?

Q11. One word is missing in the underlined sentence? Find and put it in the right position.

Q12. Which of the following is closest in meaning to the word 'convey'?

1) share 2) conduct 3) express 4) contain

Q13

Read the passage and answer the questions below.

> Perhaps the most popular poet for English learners is Theodor Seuss Geisel (1904-1991), who is better known as Dr. Seuss! When he was a baby, Dr. Seuss' mother told him silly rhymes to help him fall asleep. As an adult, he'd make a career out of silly rhymes!
>
> Here's a stanza from *Green Eggs and Ham*, about a creature named Sam. This is how Sam feels about green eggs and ham:
>
> I do not like them in a house.
> I do not like them with a mouse.
> I do not like them here or there.
> I do not like them anywhere.

Q13. What is true according to the passage?

1) The poet, Theodor Seuss Geisel is from UK
2) Dr. Seuss was a famous composer.
3) Dr. Seuss' mother helped her son get to sleep.
4) As a youth, Dr. Seuss wrote funny rhymes.

Q14-15 Read the passage and answer the questions below.

> Dr. Seuss is beloved in part because his poems are simple and musical. Reading them can also help to unlock our imaginations! Think for a second about green eggs and ham. Where would you find them? Would you eat them if you did?
>
> The *Cat in the Hat*, another Seuss story, ______ ______ this sad description:
>
> The sun did not shine.
> It was too wet to play.
> So we sat in the house on that cold, cold, wet day.
>
> I sat there with Sally,
> we sat there we two.
> And I said, "How I wish we had something to do!"

Q14. What can be inferred from the passage?

1) Reading Dr. Seuss' poems can help use one's imagination.
2) The theme of another Seuss story was happiness.
3) Dr. Seuss' poems were funny but complicated.
4) Dr. Seuss' favorite food was egg and ham.

Q15. Which is the best phrase for the blank?

1) along with 2) ends with
3) begins with 4) usually use

Q16-17

Read the passage and answer the questions below.

Fortunately for Sally and her brother, boredom ends when a crazy cat comes to their house to have fun!

(A)__________ not every character created by Dr. Seuss is so nice. Take a look at the mean main character in *How the Grinch Stole Christmas:*

The Grinch hated Christmas!
The whole Christmas season!
Now, please don't ask why.
No one quite knows the reason.

Dr. Seuss brought his characters to life not only with words (B)______ with great pictures. He wrote almost 50 different books for children, and they're all fun!

Q16. Which is not true according to the passage?

1) A strange cat visited Sally's house.
2) All characters made by Dr. Seuss were interesting.
3) The Grinch disliked Christmas.
4) Dr. Seuss wrote his poems using great pictures.

Q17. What are the best words for the blanks (A) and (B)?

	(A)	(B)
1)	Therefore	but
2)	However	also
3)	Yet	but
4)	But	also

문제 해석 및 해설

Q 1-2 다음의 글을 읽고 아래의 질문에 답하시오.

Q1 A, B, C의 순서가 가장 적절한 것은?

정답 ▶ 3)

Q2 빈칸에 적절한 표현은 무엇인가?

보기해석:

① 예를 들어　② 게다가

③ 다시 말해서　④ 그에 반해

정답 ▶ 1)

Q 3-4 다음의 글을 읽고 아래의 질문에 답하시오.

Q3 괄호에 알맞은 단어를 고르시오.

괄호 해석: 묘사하다, 정의를 내리다

정답 ▶ define

Q4 밑줄 친 문장에서 문법적 오류를 찾아 고치시오.

정답 ▶ use – using

Q 5-6 다음의 글을 읽고 아래의 질문에 답하시오.

Q5 단어 박스에서 위의 빈칸에 들어갈 단어를 고르시오.

보기 해석: [태도, 얼굴, 특성, 습관]

정답 ▶ qualities

Q6 밑줄 친 'paper'가 무엇을 가리키는가?

보기 해석: ① 신문　② 지폐

③ 보고서　④ 백지

정답 ▶ 2)

Q 7-8 다음의 글을 읽고 아래의 질문에 답하시오.

Q7 빈칸에 적합한 표현은?

보기 해석: ① 기본적인　② 기원의

③ 시작의　④ 오래된

정답 ▶ 2)

Q8 (　　)안에 있는 단어들을 올바른 순서로 배열하시오.

정답 ▶ they could more easily memorize long stories

Q 9–10 다음의 글을 읽고 아래의 질문에 답하시오.

Q9 아래의 주어진 문장이 들어가기에 가장 적합한 곳은?

정답 ▶ 2)

Q10 빈칸에 적합한 것을 고르시오.

보기 해석: ① 복잡한

② 혼란스러운

③ 민감한

④ 정치적인

정답 ▶ 1)

Q 11-12 아래의 글을 읽고 아래의 질문에 답하시오.

Q11 밑줄 친 문장에 단어 하나가 빠졌다. 찾아서 적절한 곳에 넣으시오.

정답 ▶ look 다음에 at을 넣어야 함.

Q12 convey와 가장 가까운 뜻을 가진 것은?

보기해석: ① 공유하다 ② 행동하다 ③ 표현하다 ④ 포함하다

정답 ▶ 3)

Q 13 글을 읽고 아래의 질문에 답하시오.

Q13 글의 내용과 일치하는 것은?

보기해석:

① 시인 수스는 영국 출신이다.

② 수스 박사는 유명한 작곡가였다.

③ 수스 박사의 엄마는 아들이 잠들도록 도와주었다.

④ 수스는 청년시절 우스꽝스러운 운문을 썼다.

정답 ▶3)

Q 14-15 글을 읽고 아래의 질문에 답하시오.

Q14 글의 내용에서 무엇을 추측할 수 있나?

보기해석:

① 수스 박사의 시를 읽게 되면 상상력 발휘에 도움이 될 수 있다.

② 또 다른 수스 이야기 주제는 행복이었다.

③ 수스 박사의 시들은 재미는 있지만 복잡했다.

④ 수스 박사가 좋아하는 음식은 달걀과 햄이었다.

정답 ▶ 1)

Q15 빈칸에 적합한 표현은?

보기해석:

① ....와 함께 ② ....으로 끝난다

③ ....으로 시작된다 ④ 보통 사용한다

정답 ▶ 3)

Q 16-17. 글을 읽고 아래의 질문에 답하시오.

Q16 글의 내용과 일치하지 않는 것은?

보기해석:

① 이상한 고양이가 샐리의 집을 방문했다.

② 수스 박사가 만든 모든 주인공들은 흥미로웠다.

③ Grinch는 크리스마스를 싫어했다

④ 수스 박사는 멋진 그림을 사용하여 시를 썼다.

정답 ▶ 2)

Q17 빈칸 (A)와 (B)에 적합한 단어들은?

정답 ▶ 3)

〈다의어 체크업〉

1. words
   ① 말, 단어
   ② 노래가사 (lyrics)
2. lines
   ① 영화, 연극의 대사
   ② 줄 (queue)
3. objects
   ① 물체, 대상
   ② 목적 (aim)
4. room
   ① 방
   ② 공간, 여지 (space)
5. follow
   ① 따르다
   ② 이해하다 (understand)
6. contain
   ① 억제하다
   ② 포함하다 (include)
7. convey
   ① 전달하다
   ② 운반[수송]하다 (transport)
8. house
   ① 집
   ② 수용하다 (accomodate)
9. act
   ① 행동을 하다
   ② 연기하다 (perform)
10. miss
    ① 빠지다, 놓치다
    ② 그리워하다 (pine)

부록

|미국식 발음현상 이해와 발음요령|

1 미국식 발음현상
2 미국식 발음요령(52)

1 미국식 발음현상

1. 영어리듬타기 – Rhythm

영어를 들어보면 우리말의 모노톤과는 달리 올라갔다 내려갔다 하면서 리듬을 타듯이 발음한다는 기분을 느끼게 되는데 그 원인은 원어민들은 영어 문장을 읽을 때 명사, 형용사, 부사, 본동사, 지시 대명사, 의문사, 강조하고 싶은 단어는 강하게 읽고 관사, 전치사, 조동사, be 동사 등의 기능어(function word)는 상대적으로 약하게 읽기 때문이다.

진하게 처리된 글씨체는 강하게 읽고, 흐릿하게 처리된 글씨체는 약하게 발음한다.

ex. 1 I'll **never forget** when I was a **sophomore** at **Brown**.

2 I **came home** from **school** and my **father picked** me **up** at the **airport**.

Note: 위 문장의 up은 전치사가 아니고 부사라 강하게 읽어야 한다.

3 My **father slowly put** the **brakes on**.

Note: on역시 전치사 같지만 전치사가 아니고 부사라 강하게 읽어야 한다.

4 **Look**, you're a **Korean living** in an **American society**.

5 He was **talking** to me **when** he **knew** that my **mother** was a **Ph. D** in **philosophy**.

다시 한 번 강조하지만 명사, 형용사, 부사, 본동사, 지시 대명사, 의문사 같은 내용어(content word)들을 기능어에 비해 강하게 읽어주면 자동적으로 리드미컬한 발음이 생성된다는 것이다.

2. 끊어 읽기 – Pausing

명연설문이든, 뉴스든, 소설이든, 원서든 영어문장을 유연하게 읽고 싶으면 의미 단위로 끊어 읽는 요령에 익숙해져야 한다. 특별한 원칙은 없지만 일반적으로 다음과 같은 끊어 읽기 기준이 있다.

- 쉼표(,)가 있으면 끊어 읽는다.
- 절과 절 사이에 끊어 읽는다.
- 부사구, 형용사구 앞에서 끊어 읽는다.
- 긴 주어구(절) 다음에 끊어 읽는다.
- 긴 동사구 뒤에서 끊어 읽는다.
- 목적어(절) 앞에서 끊어 읽는다.
- 분사구문(현재분사, 과거분사) 앞에서 끊어 읽는다.
- 삽입어구 앞뒤에서 끊어 읽는다.
- 주어가 한 단어이면 끊어 읽지 않는다.
- 주부나 술부, 형용사절, 목적절 등이 길면 그 사이에서 끊어 읽을 수 있다. 이와같이 빗금친(/) 표시에서 잠시 포즈를 취하듯이 읽어주면 전체적으로 유연하게 발음한다는 느낌을 주게 된다.

ex. 1 I can't tell you / how grateful I am / to my father / for ensuring / that I went to the medical school. //

2 On the other hand, / I never gave up my interest / in philosophy and politics. //

3 First and foremost, / I am oriented / toward solving practical problems / and I hope / I can bring

that / with me / to Dartmouth. //

4 You know / there are gonna be a lot of practical problems / we've got to solve. //

5 At the end of the day / we've got to solve problems, / we've got to be practical. //

보다시피, 앞에서 열거한 10가지 끊어읽기 기준에 의하여 읽으면 자연스런 발음이 생성되는데 읽는 내용이 명연설문이냐, 뉴스냐, 초등용 교재냐, 고등용 교재냐에 따라 끊어 읽기 표시인 /(빗금)의 개수가 더 적거나 많을 수 있다.

3. 강세 음절 – Stressed Syllable

영어에는 짧은 단어라 하더라도 힘을 주어 강하게 발음하는 음절과 그 반대로 힘을 빼야 하는 음절이 있는데, 이를 강세(stress)라 한다. 강세 역시 영어리듬을 타는 데에 가장 기본이 되는 것으로, 단어 내에 강세를 두고 발음해야 하는 음절을 강세 없이 발음하게 되면 완전 콩글리쉬가 되면서 원어민들이 전혀 못 알아듣게 된다. 또한 강세를 둔 발음을 모르면 우리도 그들의 발음을 알아듣지 못한다. 강세 발음 요령으로는 이미 잘 쓰고 있는 단어라 하더라도 먼저 사전에 나와 있는 단어별 음절(syllable)과 발음기호에 표시된 강세를 확인하며 발음해본다. 그리고 가급적 원어민 녹음 음성을 들으며 몇 번이고 따라 읽는다. 왜냐하면 반드시 사전식 발음으로만 원어민들이 발음하지 않기 때문이다. 다음에 강세가 들어가는 음절에서는 반드시 강세를 두고 발음해야 할 단어들을 기본 영단어들을 통해 확인해보자.

강세를 하이라이트 처리된 부분에 두고

ex. 1 career[kərɪr] [커**리**어]로 발음

2 ceramic[səræmɪk] [써**래**믹]으로 발음

3 model[mɑ:dl] [**마**들] 또는 [**마**를]로 발음

4 poverty[pɑ:vərti] [**파**붜티] 또는 [**파**붜리]로 발음

5 novel[nɑ:vl] [**나**블]로 발음

6 purpose[p3:rpəs] [**퍼**:퍼스]로 발음

7 philosopher[fəlɑ:səfə(r)] [ㅍ+훨**라**서ㅍ+훠]로 발음

8 astronomer[əstrɑ:nəmə(r)] [어스추**라**너머]

9 familiar[fəmɪliə(r)] [ㅍ+훠**밀**리어]

10 solid[sɑ:lɪd] [**쌀**러(드)]

11 tolerance[tɑ:lərəns] [**탈**러런스]

12 physician[fɪzɪʃn] [ㅍ+휘**지**션]

13 political[pəlɪtɪkl] [펄**리**디컬] 또는 [펄**리**리컬]

14 charismatic[kærɪzmætɪk] [**캐**러즈**매**릭]

15 battery[bætri ; bætəri] [**배**러리]

위와 같이 강세가 들어간 음절에는 확실하게 강세를 두고 오른쪽 우리말 발음 표기처럼 부드럽게 발음해야 한다. 평소 앞에서 말한 요령대로 자주 연습해서 제대로 된 발음을 익혀 놓는 것이 최상의 방법이다.

2 미국식 발음요령(52)

1. schwa현상

모음에 강세가 없을 시 본래의 발음이 /어/ 또는 /으/로 약하게 발음되는 현상

	콩글리시	미국식 발음
career 경력, 생애, 직업	캐리어	커리어
academy 학원, 학회	아카데미	어캐르미
solid 단단한, 견실한	쏠리드	쌀러(드)
model 모델, 모형	모델	마를
legitimate 합법적인	레지티메이트	러지러밑

2. R약화(탈락)현상

단어 중간에 있는 ra, re, ri, ro, ru에 강세가 없을 시 R발음이 나지 않거나 약화되는 현상

	콩글리시	미국식 발음
foreign 외국의	포린	ㅍ+호안
foreigner 외국인	포린어	ㅍ+호안어
tradition 전통	트래디션	추디션
temperature 온도	템프리처	탬프처
secretary 비서, 장관	쎄크러터리	쌔크터리

3. 동화현상

같은 발음이나 유사발음이 만나면 어느 한 쪽으로 동화되는 현상

	콩글리시	미국식 발음
Let's sing 노래합시다	렛스 씽	랫 씽
since Sunday 일요일 이후	씬스 썬데이	씬 썬데이
Give me a coke 콜라 한 잔 주세요	기브 미 어 코욱	김미어코욱
Is she busy? 그 여자 바빠?	이즈 쉬 비지?	이:쉬 비지?
Enjoy it. 즐겨라	인조이 잍	인조잍

4. 연음현상

두 단어, 세 단어, 네 단어가 서로 만나 자음과 모음이 연결되게 되면 마치 한 단어를 읽어버리 듯이 연음시켜 발음하는 현상

	콩글리시	미국식 발음
What is it? 그게 뭐야?	왓 이즈 잇	와리짓
Give it a try. 한 번 해봐.	기브 잍 어 트라이	기뷔러 추라이
Take it out. 그거 꺼내	테이크 잇 아웃	테이키라웉
Wrap it up. 싸버려.	랲 잍 엎	뢔피랖?

5. 유화현상

1) 모음 + nt + 모음

	콩글리시	미국식 발음
county 군	카운티	카우니
representative 대표	레프리젠터티브	뤠프리재너리(브)
quantity 수량	콴티티	콰너디
center 중심, 센터	센터	쌔너
Pentagon 미국방부	펜타곤	패너간

2) 모음 + rt + 모음

	콩글리시	미국식 발음
article 기사, 관사, 물건	아티클	아(어)리클
supporter 지지자, 팬	써포터	써포러
reporter 기자	리포터	리포러
party 파티	파티	파리
thirty 30	써티	써리

3) 모음 + rd + 모음

	콩글리시	미국식 발음
boarding 탑승, 하숙	보딩	보(어)링
border 국경	보더	보(어)러
murder 살인	머더	머러
verdict 평결	버딕트	뷔릭
order 주문, 명령, 질서, 순서	오더	오러

4) 모음 + t/d + 모음

	콩글리시	미국식 발음
better 더 나은(좋은)	베터	배러
Saturday 토요일	쌔터데이	쌔러데이
satellite 위성	쌔틀라이트	쌔를라잍
matter 일, 문제	매터	매러
item 품목	아이템	아이름
audio 오디오	오디오	어리오
medicine 약	메디씬	매리쓴

6. 모음에 강세가 들어갈 때

1) a에 강세가 들어가는 경우

	콩글리시	미국식 발음
marathon 마라톤	마라톤	매러싼
academy 학원, 학회	아카데미	어캐르미
battery 건전지, 구타, 폭행	바테리	배러리

2) e에 강세가 들어가는 경우

	콩글리시	미국식 발음
beggar 거지	베거	배거
end 끝, 끝나다	엔드	앤(드)
level 수준	레벨	(을)래블

3) I에 강세가 들어가는 경우

	콩글리시	미국식 발음
gorilla 고릴라	고릴라	거랠라
shit 똥, 젠장, 제기랄	쉬트	쉩
peninsula 반도	페닌술라	페닌쉴라

4) o에 강세가 들어가는 경우

	콩글리시	미국식 발음
lobby 로비	로비	(을)라비
operate 작동하다, 수술하다	오퍼레이트	아퍼레잇
volume 크기, 부피	볼륨	봘륨

7. 끝자음의 묵음화(또는 약화) 현상

자음 t, k, p, d, f, b, v, g, gh 등이 단어의 끝에 올 때 끝자음의 발음이 죽어버리거나 받침으로 들어가거나, 아주 약하게 발음되는 현상

	콩글리시	미국식 발음
tent 천막	텐트	탠(트)
milk 우유	밀크	미얼(크)
send 보내다	쎈드	쌘(드)
help 돕다	헬프	해얼(프)
sob 흐느끼다	쏘브	쌉

8. To 부정사의 발음

To 부정사의 발음은 변화무쌍하다. '투, 루, 두, 너, 터, 더' 등으로 발음되는데 앞 단어가 어떤 철자로 끝났느냐에 따라 다르게 발음되며, 어떨 때(CNN 뉴스같은 빠른 reading)는 아예 안 들리기도 한다.

Go to bed. /고우 루 벧/ 자거라.

Nice to see you. /나이스 투 씨 유/ 만나서 반가워.

I want to marry you. /아이 워너 매리 유/ 너하고 결혼하고 싶어.

9. L이 앞에 나올 때의 발음

소리 안 나게 /(을)/발음을 내려는 입모양을 취하고 있다가 본래의 발음을 내면 된다.

light /(을)라잍/ 불빛

learn /(을)런/ 배우다

liver /(을)리붜/ 간

lake /(을)레이(크)/ 호수

love /(을)러(브)/ 사랑하다

10. R이 단어의 앞에 나올 때

소리 안 나게 /(우)/자 발음을 내려는 입모양을 동그랗게 취하고 있다가 혀의 뒤쪽에서 혀가 어디에도 닿지 않으려고 노력하면서 발음하면 된다.

run /(우)뤈/ 뛰다

rain /(우)뤠인/ 비

rake /(우)뤠이(크)/ 갈퀴

river /(우)뤼붜/ 강

risk /뤼스(크)/ 위험

11. L과 R이 단어의 중간에 왔을 때의 발음 차이

play는 /플레이/, pray는 /프뤠이/로

collect은 /컬랙(트)/로, correct는 /커랙(트) 또는 코(어)랙(트)/로

alive는 /얼라이(브)/로 arrive는 /어롸이(브)/로

*보다시피 단어의 중간에 오는 L은 /ㄹ/이 두 번 발음되고, 단어의 중간에 오는 R의 발음은 /ㄹ/이 한 번 들어간다.

12. ttle, ddle, dle로 끝나는 발음

t와 d를 유화시켜 /r/로 발음한다.

little (조금) /리를/로 발음하는데, /리들/로 발음하기도 함.

settle (해결하다) /쌔를/

shuttle (왕복) /샤를/

middle (중간) /미를/

13. ntly, tely로 끝나는 발음에 주의하자

t발음을 안 내거나 받침으로 넣어 아래와 같이 발음한다.

fluently (유창하게) /ㅍ+흘루언리/

apparently (명백하게) /어패런리/

immediately (즉각) /이미디엇리/

absolutely (절대적으로) /앱썰룻리/

14. ift, eft, aft, oft등으로 끝나는 발음

f와 t발음이 거의 안 들린다고 보면 된다.

theft (절도) /쌔(ㅍ+흐)(트)/

left (왼쪽) /래(ㅍ+흐)(트)/

lift (들어올리다) /리(ㅍ+흐)(트)/

15. eel, eal, ill, il등으로 끝나는 발음

L앞에서 아주 약하게 /(어)/발음을 넣어 발음한다.

feel (느끼다) /ㅍ+휘얼/

kill (죽이다) /키얼/

reveal (노출시키다) /뤼뷔얼/

meal (식사) /미얼/

ill (아픈) /이얼/

16. ide, ade, ode, ude로 끝나는 발음

끝에 위치한 e는 묵음이고 e앞에 있는 d역시 거의 안 들린다.

hide (숨다) /하이(드)/

made (make의 과거, 과거분사) /메이(드)/

ride (타다) /롸이(드)/

17. tive로 끝나는 발음들은 /립/ 또는 /리(브)/정도로 부드럽게 발음한다

positve (확신하는, 긍정적인) /파저리(브)/ sensitve (민감한) /쌘써리(브)/

negative (부정적인) /내거리(브)/

18. adm이나 adv로 시작되는 단어들도 발음에 조심해야 된다

adm과 adv의 가운데에 위치한 d의 발음이 안 나거나 받침으로 들어가듯이 발음한다.

admit (인정하다, 시인하다) /어(드)밑, 또는 얻밑/

advocate (변호사, 옹호자) /애(드)붜킷, 앧붜킷/

19. st, sp, sk의 발음 시 약간 된소리가 난다

stop (멈추다) /스땊/에 가까게 발음해야 한다.

start (출발하다) /스따(트)/에 가깝게 발음해야 한다.

speech (연설) /스삐취/에 가깝게 발음해야 한다.

20. 문장 중간에 낀 자음 h는 발음이 거의 안 들린다

shot her (그녀를 쏘았다) /샤러/처럼 들림

kill him (없애버려) /킬름/같이 발음

ask him (걔한테 물어봐) /애스킴/같이 h발음이 거의 안 들림

21. 이중모음은 단모음처럼 들린다

mayor (시장) /메어/처럼 들린다. voted (투표했다) /보릿/같이 들린다.

home (집) /홈/같이 들린다.

22. 원어민들은 of의 f(브)발음을 거의 안 한다

sort of (좀, 약간) /쏘러(브)/ one of those (그들 중의 하나/한 명) /완어(브)도우즈/

23. tr은 /ㅊ/으로, dr은 /ㄷ 또는 ㅈ/으로 발음한다

trend (경향, 추세) /추랜(드)/ true (진실의, 사실의) /츠루/

drive (운전하다) /드롸이(브), 쥬라이(브)/

24. quit, quick, quality 등과 같은 발음에 조심하자

quit (그만두다) /쿠잍/을 빨리 발음하는 기분으로

quick (빠른, 빨리) /쿠윅/을 빨리 발음하는 기분으로

quality (품질) /쿠알러디/처럼 발음한다.

25. 조동사 + 조동사 + 과거분사 형태의 발음들은 그냥 외워버리자

소리 안 나게 /(읃)/발음을 내려는 입모양을 취하고 있다가 본래의 발음을 내면 된다.

	콩글리시	미국식 발음
would have been	우드 해브 빈	우르빈/우래빈
should have done	쉬드 해브 단	슈르단
might have been	마이트 해브 빈	마이르빈/마이러빈/마잇해빈
could have died	쿠드 해브 다이드	쿠르다이(드)

26. 자음이 몰려있을 때

단어의 가운데에 자음 세 개가 몰려 있을 때에는 가운데에 위치한 자음은 거의 안 들리거나 아주 약하게 발음된다.

	콩글리시	미국식 발음
handbag 핸드백	핸드백	핸백
tempt 유혹하다	템프트	탬(프)(트)
endless 끝없는	엔들리스	앤리스

27. 미국인들은 L발음을 힘들어하는 경향이 있다

	콩글리시	미국식 발음
platoon 소대	플라툰	퍼툰
Cleveland 클리브랜드	클리브랜드	클리븐(드)
declaration 선언	데클러레이션	대커레이션

28. 끝에 오는 th는 거의 안 들리게 발음하거나 받침으로 넣듯이 발음한다

math (수학) /매(쓰)/ youth (젊음) /유(쓰)/ tooth (치아) /투(쓰)/

29. and의 발음은 여러 가지(앤, 언, 은, ㄴ)이다

Ladies and gentlemen (신사 숙녀 여러분) /레이리스 앤 재늘먼/

law and order (법과 질서) /로언오러/

bread and butter (생계) /브래른버러/

S & L (Saving & Loan – 저축대부은행) /애쓴앨/

30. 고유명사 발음들은 그때 그때 외워두자

	콩글리시	미국식 발음
Brazil 브라질	브라질	버지얼
Salt Lake 솔트 레이크	솔트 레이크	쏘얼 레이(크)/쏘을 레이(크)/
Berlin 베를린	베를린	벌린
Moscow 모스크바	모스크바	마스코
Nevada 네바다	네바다	너봐라/너봬라

31. 축약형들은 정확하게 못 알아 들어도 괜찮다

예를 들어, 아래와 같은 축약형들은 필자와 같은 영어청취/발음전문가들도 헤맬 때가 있다.

She'll, He'll, They'll, It'll, You'd, She'd, There're 등

32. f발음은 우리말로 표기하자면 ㅍ발음과 ㅎ발음의 중간 정도의 발음이다

	콩글리시	미국식 발음
fan 팬	팬	ㅍ+홴
file 파일	파일	ㅍ+화일
first 첫 번째	퍼스트	ㅍ+훠스(트)
fashion 패션	패션	ㅍ+홰션
fast 빠른	패스트	ㅍ+홰스(트)

*ph의 발음도 f발음과 똑같다.

33. men과 man의 발음구분은?

men (남자들) /맨/인데 /맨/을 짧게 발음해야 한다.

man (남자, 인간) /매앤/으로 발음하듯이 /맨/발음이 약간 길게 난다.

*그러니까 ten과 tan, bend와 band, bet과 bat도 같은 식으로 구분하면 된다.

34. v는 위아래 입술이 닿지 않도록 노력하면서 ㅂ발음을 내면 된다

vest (조끼) /봬스(트)/로

vomit (토하다) /봐멑, 봐밑/으로

vanish (사라지다) /봬니쉬/로

35. 비음에 조심하자

우리나라사람들이 가장 발음하기 힘들어하는 것 중의 하나로서 특히 연습을 많이 해야 하는 발음이다.

	콩글리시	미국식 발음
patent (특허)	페이턴트	팻은
certain (확실한)	써튼	썻은
Manhattan 맨하탄	맨하탄	맨햇은

*patent의 경우를 보면, /팻/발음을 빨리 세게 끊었다가 /은/발음을 내는 것임

36. walk 과 work 발음의 구분

문장이 지나갈 때, 이 걷다와 일하다의 발음을 구분하긴 불가능하다. 따라서 들을 때는 문맥으로 구분해야 하는데, 낱개 발음 시 차이를 설명하자면, walk (걷다)의 경우는 목에서 발음을 내는 기분으로 /워/을 발음하고, work (일하다)의 경우는 양 뺨에서 발음을 내는 기분으로 /워/을 발음해보자.

37. can 과 can't의 발음의 구별

can의 경우 말할 때는 별로 어렵지 않다. 들을 때 헷갈려서 그렇지.......
요령은, 긍정의 can은 주어를 상대적으로 좀 세게 발음해야 하고 조동사 can /캔/의 발음이 좀 짧게 빨리 지나가야 한다. 부정의 can't은 주어를 상대적으로 좀 약하게 발음하면서 can't을 /캐앤/하듯이 좀 세고 길게 발음하면 된다.

I can do it. /아이 캔 두 잇/을 발음할 때, 주어 /아이/를 좀 세게 발음하란 뜻.

I can't do it. /아이 캐앤 두 잇/을 발음할 땐, 주어 I를 좀 약하게 발음하면서 can't를 약간 세고, 길게 발음하는 기분으로 발음하는 것임. 헷갈리면 I can do it의 경우 /아이 컨 두 잇/으로 발음하여 아예 can을 /컨/으로 발음해버리면 원어민들이 금방 알아듣는다.

38. 강세 위치에 주의하자

영어는 음절이 두 개 이상 들어갈 때 항상 약간씩 강세가 들어간다.
career (경력, 생애, 출세)라는 단어를 보면 강세가 뒤에 있다. 따라서 /커리어/로 발음해야 하는데 강세를 앞에 두고 콩글리시로 /캐리어/로 발음한다면 아마 미국인들은 배나 항공기, 항공모함, (병균의) 보균자로 알아듣는단 것임.

39. 전치사, 접속사, 관사, 조동사 등에 주의하자

리스닝할 때, 발음이 거의 안 들리는 것들은 다 위에 언급한 기능어들이다. 그러니까 in, at, of, with, from, for, while, as, if, that, the, a, an, would, will 등은 미국인들이나 미국에 오랫동안 산 교포들 말고는 단 번에 귀에 안 꽂힌다. 이런 기능어에 대한 대비책은 빠른 문장들을 되도록 많이 받아쓰기 해보고 스크립 확인해보고 왜 못 받아 적었는지 분석해보고 토픽이나 문장들을 수십 회 이상 반복청취 해보는 수밖엔 없다.

40. sts, stss, tss와 같은 발음들은 맨 끝에 있는 s/스/만 난다

		콩글리시	미국식 발음
best service	최고의 서비스	베스트 써비스	배:써비스
best seller	베스트 셀러	베스트 셀러	배:쌜러
last spring	지난 봄	라스트 스프링	래:스프링
last semester	지난 학기	라스트 세메스터	래:써매스터
reports say	보도에 따르면	리포트스 쎄이	리폿쎄이

41. 조동사 역할을 하는 ought to의 발음

상당수의 미국인들이 /오투/라고 하지 않고 /오러/라고 발음할 때가 주의하자.

42. 발음기호에 나와 있는 /z/의 발음

우리말에 없는 이 발음을 거의 똑같이 발음하긴 위해선 평소에 /ㅈㅈㅈㅈㅈㅈ........./ 발음을 연습 많이 해보자. 자, /ㅈㅈㅈㅈㅈㅈ....../발음을 내려는 자세로 입모양을 취하다가 zero (영) /지로우/ zoo (동물원) /주/발음을 내보자.

43. th의 발음

Something, think, Athens, theme, theater, three같은 단어들을 보면 th [θ]발음을 내야 한다. 그런데 이 발음이 엄청 어려운 발음이다. 요령은 th발음을 낼 때, 위아래 치아 사이에 혀가 잠시 걸친 상태에서 발음을 해야 한다. 설명만 들어선 안 되니까 think나, thing, theater와 같은 단어들이 녹음되어 있는 음원을 듣고 흉내내보거나 거울을 갖다 놓고 이 th발음을 내면서 독자들의 혀가 위아래 치아 사이에 걸쳐 지는지 직접 확인해보자.

44. mother, this, though의 th발음

위 단어들에서 보이는 th의 발음은 43번의 th와는 다른 발음기호입니다. /ㄷ/발음이 나긴 나는데 /ㄷ/발음을 약하게 내야 된다. 한편 dark (어두운), dawn (새벽), doctor (의사)의 d발음은 /ㄷ/발음이 mother의 th의 /ㄷ/발음과는 달리 강한 /ㄷ/발음이다.

45. 겹자음은 한 번만 발음해준다

	콩글리시	미국식 발음
runner 주자	런너	뤄너
grammar 문법	그램마	그뢔머
comma 쉼표	콤마	카머/카마

*자음이 두 개 나오면 하나만 발음해주면 된다.

46. 첫 모음에 강세가 없을 때 당하지 말자

예를 들어 (a)ttacks, (a)ttorney, (a)ssault, (e)merge와 같은 들의 경우 첫 모음이 약하게 들려, 공격이 tax(세금), 변호사가 '토니'라는 이름같이, 공격하다가 salt(소금), 나타나다가 merge(합병하다)로 들릴 수 있다는 뜻임.

47. good의 발음

Good Morning, Sounds good, good quality 등에서 처럼 아주 많이 쓰이는 단어이다. 이 발음을 우리나라 사람들은 거의 다 /굳/으로 발음하는 걸로 알고 있는데, 이 번 기회에 확실히 알고 넘어 가자. /굳/과 /귿/의 중간 정도로 발음한다는 사실을......

48. 끝에 오는 sh의 발음

fish (물고기), polish (윤내다), crash (추락하다), cash (현찰) 등에서 같이 영어단어에는 철자가 sh로 끝나는 단어들이 많다. 흔히 들 fish /ㅍ+휘쉬/, polish /팔러쉬/, crash /크래쉬/, cash /캐쉬/로 발음하시는 걸로 알고 있다. 별문제는 없지만 끝에 오는 /쉬/발음을 낼 때 /쉬/발음을 최대한 짧게 내란 말임. 발음은 요령을 하나 더 말한다면 두, 세 살짜리 아이들에게 오줌을 누게 할 때 엄마가 이렇게 한다. /쉬/.

49. woman (여자)과 women (여자들)의 발음구별

woman (여자)는 /우먼/으로 발음하면 되고, women (여자들)은 /위먼/으로 발음하여 앞발음을 다르게 발음해야 한다.

50. 영한 사전의 발음기호 표시 [ʒ]

영한 사전의 발음기호 표시에 [ʒ]라고 되어있는 발음들은 우리말의 /쥬/에 가깝게 발음을 해야 한다. 그러니까 /머사:쥬/, /유쥬얼/처럼.

51. 단어의 끝에 오는 ch나, dge의 발음

church (교회), judge (판사)와 같은 발음을 할 때는 /취/나 /쥐/발음을 내면서 끝내면 되는데, /취/나 /쥐/발음을 할 때는 입술을 동그랗게 앞쪽으로 오므려 발음한다.

52. or의 발음

접속사 or를 /오어/나 /오아/로 발음하는 걸로만 알고 있으면 들을 때 애로를 많이 겪게 된다. or는 세 가지로 발음되는데 자기들끼리 발음할 때는 or를 /어/로 발음할 때가 많다. 예를 들어.......

ten or twenty (열에서 스물)을 /태너 투어니, 태너 투애니/로

sell or buy (팔거야 살거야)를 /쌜러 바이/로

발음할 때가 많다는 것이다. 그렇게 되면 ten or는 테너가수로 들리고, sell or는 seller로 발음되어 '파는 사람'으로 들린단 말이다. 정리하면 or는 이같이 /어/로 발음되거나 /오(어)/, /오/로 세 가지로 발음될 수 있는데, sooner or later (조만간)과 같이 앞 단어가 /어/로 발음이 끝나면 앞 발음에 동화되어 아예 or발음이 안 들리기도 한다.

memo: